中國人的緊箍咒

緊箍咒

排外主義高漲、
群體凌駕於個體……
堅決捍衛表面的一點尊嚴，
卻忽略內部早已傷痕累累

孫繼濱 —— 著

人類生而野蠻，社會的教化與風氣，就是「緊箍咒」。

- -

明明在清代乾隆之前，經濟、國力和科技都步行世間前端，
是什麼令一切優勢消失殆盡，使中國成為列強盤中的大餅？
本書以「儒家思想」發端，歸結出七個中國文化中的緊箍咒！

目 錄

目錄 ——————————————————

第七章 「天生聖人」── 信仰觀的咒語

第八章 「德配天地」── 道德觀的咒語

終章

附錄一 聖人是怎樣煉成的

目錄

附錄二　理想國

再版前言

光陰似箭，時光如梭。轉眼之間，這本書的第一版已經出版十年之久。承蒙廣大讀者的厚愛力，第一版的發行量遠遠地超過了我的想像。身為作者，曾經自以為沒有什麼更令人欣慰的了。

然而，還有令筆者更加意想不到的，甚至不想得到的榮譽襲來。隨著時間的推移，時事的變遷，這十年間活生生的政治變遷，向讀者證明：本書觀點不但是十分準確、正確的、甚至還是及時的。是的，中國人的緊箍咒是真實存在的；而且，切切實實地在重新箍緊中。

於是，便有了這次再版。在此，我要感謝臺灣出版人黃榮華先生。黃先生對本書在臺灣出版的熱情支持與多方面的協助，是本書得以再版的關鍵，也是本人作為一名作者的幸運。

黃先生肯定地說：「中國人的緊箍咒不僅僅是一個獨特的視角，更是對中國人和中國社會，中華文化的深刻分析。」筆者表示同意。在現今這個關鍵的歷史階段時期，臺灣人有必要認真去了解大陸的思想文化，以及大陸人思想中最為核心的深層思維建構。因為，對於臺灣人而言，這是一件生死攸關的大事。本書，臺灣人有必要撥冗讀一讀。

再版前言

　　烏克蘭戰爭，蔡英文訪美，中國成為了已開發國家，無論大陸還是臺灣，我們都不得不迎接那「百年未有之大變局」。大陸人已經重新將緊箍咒洗洗乾淨，並鄭重地戴在了頭頂。臺灣人該怎麼辦？

　　筆者真誠希望，每一位中華同胞，都能以自身為主角，以國際為舞臺，深入鑽研，廣泛交流，為學有道，敢為人先，求真務實，勇於探索，杜絕急功近利，摒棄浮躁之風。若能如此，自身的目標不但能夠實現，而且為期不遠。我希望這本書能為我們 —— 不論是臺灣人還是大陸人 —— 實現這一目標發揮拋磚引玉、添磚加瓦的作用。

　　無論「百年未有之大變局」會如何地變，隨之而來的似乎都是越來越快的生活節奏，越來越忙的世人和自己。初衷原本是要寬時再版，到頭來還是倉促完成。故此，書中必有弊疵。雖然是文責自負，尚請讀者不吝雅正。

前言：緊箍咒

在《西遊記》中，有兩個孫悟空。

他們兩個長得一模一樣，本事也差不多，性格也是同樣的飛揚。然而，一個孫悟空，想長生就去閻王那裡改生死簿；想兵器就去龍王那裡要金箍棒；當官不開心就回家逍遙自在；你來興師問罪，我便大鬧天空。而另一個孫悟空，想取經卻沒去佛祖那裡要經書；當徒弟不開心也不回家逍遙；師徒幾度被綁起來要蒸熟了吃，也不敢打殺妖精，也不敢追究妖精後臺……

那個花果山上的孫悟空和那個取經路上的孫悟空，果真是一個嗎？

是一個！

為什麼前後反差會如此之大？

緊箍咒！花果山上的孫悟空沒有緊箍咒，取經路上的孫悟空有緊箍咒。

緊箍咒是一個文明的基本精神文化特徵，是固化在每個文明個體頭腦中的價值觀。而這種固化是透過文明的人文教化形成的，是後天精神馴服的產物。緊箍咒是文明社會形成的需求，是完全必要的。

緊箍咒的意義就在於對人原始生命力的導引和整合。何

前言：緊箍咒 ────────────

謂「原始生命力」？原始生命力就是能夠使個人完全置於其力量控制之下的自然功能。它在本質上是非理性的，因此在「天使與魔鬼」的二元論中，它常被等同於「魔鬼」。原始生命力的根本特徵是由它固有的悖論所決定的，即它固然具有潛在的創造性，但與此同時也具有潛在的破壞性。就比如孫悟空在蟠桃園的監守自盜，在花果山的自立為王，還有──大鬧天宮。

觀音菩薩給孫悟空戴一個「緊箍咒」，就是要以此來引導他，用理性來操縱和導引這隻野猴身上的非理性因素，強迫他接受文明的教化，藉以斷除他身上的原始野性，促使他的「人化」和「社會化」，為的是讓他能夠融入文明社會。

「緊箍咒」這一意象，揭示了文化在「人」的生成過程中的巨大作用。在人類文明發展史上，接受人文教化，即「緊箍」，是必要而且必須的，緊箍咒的形成也是必須而且必然的，這是文明存在的保障，文明發展的前提，是人之為「人」的必由之徑。

孩子和成人有何差異？成人就意味著人原始生命力的馴服，象徵著「人化」和「社會化」的完成。孩子是什麼時候成人的？緊箍咒形成的時候！舉例來說，兩個孫悟空，前一個就是兒童版的孫悟空，而後一個則是成人版的孫悟空。

讓我們設想一下，一個中國人，從小在美國長大，受美國教育，一直到進入社會都未接觸過中華文化。後來，他回

到中國，自稱：「我是一個中國人。」他說的是實話，因為他拿的是中國國籍。可是，人們會把他當作中國人嗎？不會的。在人們眼中，他就是一個純種的美國人，這不是他的國籍所決定的，這是他身上的緊箍咒所決定的。

余秋雨先生說：「……中國文化現在面臨著的問題，大家可能都已經發現了，全世界對中國文化產生了巨大的好奇。這個好奇帶有一種讓我們不安的成分，我們對他們造成了不安，他們的疑慮又造成了我們的不安。……他們對我們的民族文化不了解。以他們視角來看，突然之間，眼前走過一個巨人，GDP、人口總量等都清楚，但唯一不了解的是他的性格。巨人的性格就是中國的文化，全世界都希望能夠了解。」

余先生的「巨人」比喻非常恰當。一個康乾盛世的清代秀才，無論如何也不會讓傳教士覺得像一個穆斯林。18 世紀的中國，如果幻化為一個巨人，無論怎樣也不會是一個頭戴禮帽、手持文明棍、處處女士優先的英國紳士形象。「巨人」之所以是中華巨人，關鍵就在於它的「性格」，也就是中國的文化。

每個文明都有自己特有的精神特徵。這些精神特徵，是在文明中居於統治地位的文化所凝聚出的精神結晶，蘊含著相應的文化內涵與歷史根源。正是它們決定了巨人是誰。本書認為，全世界所不了解的和希望能夠了解的「巨人的性

前言：緊箍咒 ────────────

格」，指的就是中華文明的精神特徵，而這些精神特徵，是由中國人的緊箍咒所決定的。

在本書中，圍繞「緊箍咒」這一核心概念，透過東西方文明對比，作者闡述了自己對於文明的緊箍咒及中國人的緊箍咒的相關理解。內容主要包括：

➤ 中國人的緊箍咒的相關內容；

➤ 中國人的緊箍咒對中國人思維及群體意識的影響；

➤ 中國人的緊箍咒對傳統中華文明的停滯有何具體影響。

序章

「我們想要中國領導世界！」2010 年 2 月，英國商務大臣彼得・曼德森（Peter Benjamin Mandelson）在《紐約時報》（*The New York Times*）發表一篇署名文章，稱「我們需要中國開始參與領導世界」。在這篇文章中，他這樣說道：

「……中國需要清楚的意識到，中國是龐大的，面臨的挑戰是巨大的，若是中國想要撤退到僵化和偏狹的地方，地球村實在太小。我們可能會表現出耐心，並且在偶爾的摩擦中繼續給予它勇氣。但無論如何，我們最終都需要中國成功並且開始它的領導之路。」

這篇文章，在國際上引起了極大的反響，而在中國，人們的反應可以用兩個字來概括：震驚。「難道我們不是一個發展中國家嗎？」、「難道我們不是那個政治、經濟、科學、文化等各個方面離發達國家還有很大差距的中國嗎？」、「這位英國佬頭腦發昏了吧，要不怎麼會想起要中國來領導世界呢？」中國人的普遍反映便是如此。

震驚之餘，有些「聰明人」站了出來，斬釘截鐵地說：這是一個陰謀，絕對是西方野心家們的又一個陰謀。但與此同時，更多的中國人開始學會了換一個角度去觀察中國和這個世界，去思考中國和這個世界的未來……

時間很快就過去了。中國人發現，這個世界確實不一樣了。

中國領導世界？

在 2010 年 8 月，中國宣布在上個季度中的 GDP 達到了 1.34 萬億美元，超越了日本的 1.29 萬億美元。中國一躍成為世界第二經濟大國。

美國《舊金山紀事報》（*San Francisco Chronicle*）發表評論文章，題目是「中國被搬上世界舞臺」。文中說：「……這個里程碑般的事實，其實是相當微妙的。它既可以改變一切，又什麼都不能改變。這個里程碑的重要之處，在於中國的崛起已經正式走上了世界舞臺，無論是在政治上還是經濟上。在東亞地區，美國昔日的光輝已失色，取而代之的是影響力隨著財富而日益攀升的東方巨龍。達到經濟超越日本的里程碑，讓人們認為中國很可能再創下另一個奇蹟：超越美國成為世界第一經濟大國。經濟學家對此意見不一，但多數人都認為這一天將發生在 2020 到 2035 年之間。」

德國各大主流媒體也紛紛報導中國二季度國內生產毛額（GDP）超過日本，將成為世界第二大經濟體，中日兩國經濟增速對比懸殊，中國超過日本已成定局。從人口數量看，擁有絕對優勢的中國成為第二大經濟體亦是不可扭轉。高盛集團（The Goldman Sachs Group, Inc.）經濟學家預測，由於經濟危機加劇了各國經濟增速差異，到 2025 年中國就將繼續超過美國成為世界第一經濟大國。

　　日本《經濟學人》週刊 2011 年 2 月 16 日刊文稱「中國時代已經來臨」。日本學者認為，中國在能夠衡量國家實力的數項主要資料中名列世界第一。「中國第一」時代已經到來。

　　金融風暴過後，西方世界一片狼藉，霸主美國受創尤甚。而相形之下，以往在國際事務中甘於寂寞的中國，一躍而成為全球舉足輕重和不可缺少的主角，甚至還被一些西方國家視為世界經濟的救世主。這種巨大的前後反差，自然會被人們看在眼裡，記在心上。和以往的局限於猜想不同，人們開始真真切切地意識並感受到：時代變了，「中國時代」的帷幕即將拉開。

　　有人在憧憬，有人在疑慮，有人在恐懼 …… 但不管西方人心中是如何想的，站在這幅未來圖景之前，他們表現出來的大多都是積極和配合的態度。在英國商務大臣表態「我們想要中國肩負領袖責任」的同時，美國財政部前官員也如是說：「中國時常不願意履行自己作為一個世界經濟大國本來應該履行的全球義務。中國在世界上應當發揮什麼作用，不僅是中國面臨的一個挑戰，也是世界面臨的一個挑戰。」西方政客們希望中國站出來，站出來領導世界，至少要參與領導世界。

　　姑且不談其背後的目的和動機，來自世界的那份期待擺在那裡，中國人要如何回應為好呢？或許如何回應也不是最緊要的，中國人似乎首先應該搞清楚這樣一個課題：什麼叫「領導世界」？

▌什麼叫「領導世界」？

　　領導世界，就是帶領世界，從現在的地方，去一個未知的地方。本書所作的這個定義看似簡單，其中卻頗含機鋒，待筆者一一道明：

　　其一，領導世界的目的地是未知的地方。

　　一個文明，如果它無法前往一個未知的地方，那麼，無論它如何以「領導世界」自詡，也都是毫無意義的空話。因為領導世界的文明，必須要能為世界提供物質和精神營養，而且是新的物質和精神營養。其中，「物質營養」指的是社會分工；「精神營養」指的是思想。

　　什麼是「未知的地方」？

　　從物質生活角度來說，「已知」和「未知」的界限就是分工，而且是新的分工。對於沒有蒸汽機的世界來說，蒸汽機出現並成為新的分工，蒸汽機行業形成的世界就是一個「未知的地方」；對於沒有電腦的世界來說，電腦出現並成為新的分工，電腦行業形成的世界就是一個「未知的地方」；對於一個擁有三百六十行的世界，一個擁有三百六十一行的世界就是「未知的地方」。新發明新創造很重要，但最終關鍵是新分工。

　　從精神生活角度來說，「已知」和「未知」的界限就是思想，而且是新的思想。英國前首相柴契爾夫人曾說中國是

一個無需重視的國家，它只生產洗衣機和冰箱，不生產思想。撇開對中國的判斷，柴契爾夫人認為：生產思想的國家才是值得重視的國家。筆者贊同這一看法，因為「能否提供新的思想」是判斷一個文明有無資格領導世界的重要標準。誰都知道古希臘文明很偉大，可它卻不能領導世界，因為它已無法提供新的思想。

新分工和新思想，就是「未知的地方」，就是領導的目的地。比如說，英國透過工業革命到達了工業社會。對於世界來說，就是領導。因為以蒸汽機行業出現為代表的工業社會是一個未知的地方。至於緊接著英國進行工業革命的那些國家，無論工業革命做的有多好，也只能算是「追隨」，因為他們的目的地 —— 工業社會 —— 在英國的領導和示範下，早已不再是未知之地了。

其二，領導世界的手段是帶領。

「帶領」一詞包含相當的主動性，即主動地將新分工和新思想推向世界、推銷給世界。像美國在西元 1920、30 年代，雖然經濟上是世界第一，卻孤立主義嚴重，對外部世界的變化採取置身事外的態度，那絕算不上是「帶領」；還有清代中國，以天朝上國自居，對國外兩眼一閉，和世界幾乎不交流，又如何算得上「帶領」？當然，這種主動性是要有限制的，不能訴諸武力。否則，那就不是「帶領」，而是「威逼」或「脅持」了。

　　其三，領導世界需要有離開的能力。領導世界需要有內驅力，即離開「現在的地方」，自己不斷前行的能力。漢代中國人就具有這樣的內驅力，所以才能開創出與前秦截然不同的漢代文明。這種內驅力並不是哪個文明都具備的，就比如沙皇俄國。沙俄的彼得大帝改革取得了巨大成功，但是這種成功是靠向西方學習得來的，靠的不是內部的原生力量。像這樣自己沒有前行的能力，靠外來因素拉動的文明，或者說沒人領著就不知道向哪裡走的文明，是無法「領導世界」的。

　　說實話，按照上述定義和解釋，我們並不能判定一個文明是否肯定能領導世界。因為存在多個文明同時領導世界的可能，誰的貢獻大、誰的貢獻小、誰是真正的領導核心？我們很難做出正確判斷。然而幸運的是，透過上述內容，我們能判定「哪個文明肯定不能領導世界」。判定的標準就是這樣一句話：一個文明，如果自身既不能生產新分工，也不能生產新思想，那麼，它肯定不能領導世界。

　　有人問：鐵木真帶領蒙古人滅國無數，建立起一個橫跨歐亞的大帝國。他和他的子孫算是領導世界了嗎？不算。或許蒙古帝國版圖很大，或許內外交通很方便，或許商品交換很頻繁，然而，在蒙古人統治時期，其轄區內可曾有新分工發生？可曾有新思想誕生？答案是否定的。這樣的文明，即便它占領了全世界，也只是「統治世界」，根本談不到「領導世界」。

為什麼宋元明清未曾領導世界？

西方人對經濟的重視由來已久。在絕大多數西方人眼中，經濟第一大國注定要擔負起某些歷史責任，就比如說——領導世界。人們認為：經濟強國，尤其是世界經濟的頭號強國，是和「世界領導者」地位緊密相連的。

然而，這樣的認知果真是正確的嗎？

西元 11 世紀，在中國，北宋成為世界經濟的頭號強國。宋王朝的建立，結束了自唐末而形成的四分五裂的局面，使中國又歸於一統並逐漸進入中國經濟、文化、科技的鼎盛時期。唐朝人口最盛時有五千多萬人口，宋朝人口最盛時突破一億。宋人有曰：「生民以來，能濟登茲者，未有如大宋之隆也。」讓人驚訝的是，以宋仁宗時期國庫歲入折算黃金估計，北宋當時人均 GDP 在 2,280 美元左右，都城東京汴梁與西京洛陽的人均 GDP 更是突破 4,000 美元。比起同時代的其他國家，宋人簡直是生活在天堂。

西元 13 世紀，中國的南宋成為世界經濟的頭號強國。南宋時期，由於耕種土地減少與絲綢之路的阻斷，被迫轉向以商業經濟尤其是遠洋貿易為主的商業經濟模式，商人在這一時期得到了最大的解放，並最終取得了商業經濟的大繁榮，開始出現早期的資本主義生產關係。當時南宋的經濟總量已占世界的 50%。南宋的時候，最大的城市臨安的人口已經突

破了百萬，而此時歐洲還在中世紀黑暗的統治下過著悲慘的生活。

西元 17 世紀前後，中國的明朝的經濟規模達到世界第一。明朝無論是鐵，造船，建築等重工業，還是絲綢，紡織，瓷器，印刷等輕工業，在世界都享有盛譽。晚明時中國民間私營經濟力量遠比同期西方強大，當英國商人手工場業主擁有幾萬英鎊已算巨富時，明朝民間商人和資本家動用幾百萬兩的銀子進行貿易和生產已經是很尋常，鄭芝龍海上貿易集團的經濟實力達到每年收入數千萬兩白銀，當時荷蘭的東印度公司根本無法與之相抗衡。

西元 18 世紀中葉，在中國，清朝經濟發展到一個新的高峰，史稱「康乾盛世」。康雍乾時期（西元 1662 至 1795 年），中國封建經濟高度繁榮，農業生產有較大提升，手工業、商業等也獲得充分發展；政治上制定了各種典章制度，矛盾相對緩合，秩序比較穩定，國力臻於鼎盛；文化上承上啟下，繼往開來，進入了總結期；軍事上平定了叛亂，打擊了侵略，維護了統一。統一的多民族的專制主義中央集權的國家發展到頂峰。這一時期，中國中央集權專制體制更加嚴密，國力強大，秩序穩定，人口已達到三億左右。

近千年以來，中國多次成為世界第一經濟體、世界頭號經濟強國、甚至世界頭號軍事強國，但是，中國可曾領導過世界嗎？非常遺憾，一次也沒有。宋朝建立之後，中國好像突然

失去了主動和外部世界交流的能力；元明清三代，中國不但失去了變革自身的能力，就連新分工和新思想也不見了蹤影。

有人說：「中國沒能領導世界，那完全是封閉的地理環境以及落後的交通手段所致。」這種說法看上去蠻有說服力，然而深入考究之下，卻很難自圓其說。

首先，西班牙、英國、美國都是第一次成為世界頭號經濟強國後不久，便成為了世界的領導者。然而，中國獲得這一稱號 4 次乃至更多，每次稱號保持時間都很長，卻從未做到這一點。應該承認，中國所欠缺的並不是經濟強盛，而是別的什麼東西。

其次，地理環境和交通的落後，絕不是問題的關鍵。無論是歐洲人從歐洲到中國，還是中國人從中國去歐洲，地理障礙和交通問題都是同樣嚴重的問題。我們知道，西班牙、荷蘭和英國是大航海時代的開啟後開始領導世界的。在那個時代，地理障礙雙方都是一樣的，不必再說。而交通問題，也就是航海技術問題，出乎人們意料的是，領先的居然也不是西方。中國的航海技術曾長期領先於西方，而且領先優勢一直保持到 17 世紀，前後長達近千年。

宋朝時，中國人發明的指南針，使航海技術跨入了海洋時代。當時的遠洋商船有 6 層桅桿，4 層甲板，12 張大帆，可以承載 1,000 多人，航行於世界各地，令世界各國的人民驚嘆不已。

　　明代，鄭和下西洋代表了當時世界航海事業的最高峰。鄭和船隊的性能、裝備及規模都是當時世界一流的。船隊中較大的船舶稱為寶船。寶船最大者長 44 丈、寬 18 丈，中者長 37 丈，寬 15 丈。9 桅 12 帆，16 櫓至 20 櫓，舵重 4,810 公斤。從時間上看，即便是西元 1433 年鄭和船隊最後一次航行的時間，也比哥倫布（Cristoforo Colombo）到達美洲大陸、達伽馬（Vasco da Gama）沿非洲西岸繞過好望角到達印度的時間，都早約半個世紀。從船隊大小上看，哥倫布船隊的所有船隻加在一起，也沒有「鄭和一號」寶船大。

　　事實證明，歷史上中國未能領導世界，既不是經濟問題，也非地理環境原因，與技術手段也沒有直接關係。這究竟是怎麼回事呢？

　　就在兩百年前，中國也還是萬國來朝、雄霸東方的天朝上國，然而，短短數十年，便淪為東亞病夫，人見人嫌、人見人欺。這又是為什麼？這些問題不搞清楚，中國以前領導不了世界，這次怎麼就能夠領導世界？人們就會困惑：當初自己從輝煌走向衰敗的原因還未搞清楚，怎麼現在我們就要出來領導世界了？

　　歐洲啟蒙哲學家伏爾泰（Voltaire）曾經嚴肅地表示：「使中國人超過世界上所有民族的東西是：無論是他們的法律，他們的風俗習慣，或是他們的文人所說的語言四千年以來都沒有變過。」有著這種強大靜止特徵的中華文明一旦領導世

界，難道就不怕讓世界失去前進的動力嗎？

　　對於中國的過往歷史，黃炎培曾給出了「歷史週期律」這樣的精准描述：「我生 60 多年，耳聞的不說，所親眼看到的，真所謂『其興也勃焉，其亡也忽焉』。一人、一家、一團體、一地方乃至一國，都沒能跳出這週期率的支配力。……一部歷史，『政怠宦成』的也有，『人亡政息』的也有，『求榮取辱』的也有。總之，沒有能跳出這個週期率。」有著如此強大週期慣性的中華文明一旦領導世界，難道就不怕把世界也帶入到週期率中去嗎？

　　有兩點是可以確認的：第一，過去的落後問題很大程度上就是中華文化的問題；第二，將來的發展問題在很大程度上也還是中華文化的問題。這兩點看似矛盾，實則是文化的重要性所決定的。文化對於一個文明、一個國度到底有多重要，論述的人很多，筆者就不多說什麼了，只在這裡引用兩句話：「……文化越來越成為民族凝聚力和創造力的重要源泉、越來越成為綜合國力競爭的重要因素、越來越成為經濟社會發展的重要支撐……」、「沒有文化的引領，沒有人民精神世界的極大豐富，沒有全民族精神力量的充分發揮，一個國家、一個民族不可能屹立於世界民族之林。」

　　「中國憑什麼參與領導世界？」答案只能是中華文化。事實上，中國的未來只能立足於中華文化，只能依靠中華文化來引領。然而，只有在搞清楚「中華文化到底有什麼問

題」的前提下，中國才可能進行正確的文化建設；只有在做正確的文化建設的條件下，中國才可能得到其他文明的善意和合作；只有在得到其他文明的善意和合作的基礎上，中國才可能參與領導這個世界。

中華文化到底有什麼問題？為什麼西方文明[1]能夠領導世界，而宋元明清時代的中華文明卻未能做到呢？—— 中華文明，在宋代儒學的影響下，自身很難生產新分工，也很難生產新思想。

為了更清晰準確地論述以上結論，本書提出一個提綱挈領的新概念 —— 緊箍咒。

另，本書中的「中國人」，如非特別指出，是指宋元明清的中國人，尤其是明清兩代中國人。本書中的「西方人」，如非特別指出，是指 19 世紀的歐美人，尤其是屬於基督新教文明的英美人。

1　文明有三層意思。一是指有人居住，有一定的經濟文化的地區；二是指同一個歷史時期的不依分布地點為轉移的遺跡、遺物的綜合體；三是指人類在社會歷史發展過程中所創造的物質財富和精神財富的總和（物質文明和精神文明），特指精神財富，如文學、藝術、教育、科學等。在本書中，文明取第三層意思，並特指精神文明。例如，中華文明，在本書中，指的是以宋元明清為代表的儒家精神文明；西方文明，在本書中，特指建立在基督新教文化基礎上的，以 19 世紀的英美為代表的精神文明。

序章

第一章
文明的緊箍咒

「緊箍咒」一詞，最早出現於中國經典名著《西遊記》中，是唐僧用來制服孫悟空的緊箍咒。

▎緊箍咒，從孫悟空談起

孫悟空大鬧天空，被佛祖鎮壓在五行山下。後來唐僧途經五行山救出孫悟空並收做徒弟，前往西天取經。怕這猴頭在取經路上不聽唐僧的，觀音菩薩替他戴了一頂金箍，並教給唐僧一套緊箍咒。只要唐僧一念此咒，金箍便會緊縮，使他頭疼欲裂，滿地打滾。由於緊箍咒的功效，花果山上這隻野猴子再也不敢冒犯唐僧的權威，老老實實地聽唐僧的話，一路降妖服怪，直到西天佛祖處。

如果只看西遊記故事，我們完全可以把緊箍咒當作一個貶義詞，一個使得美猴王失去了反抗精神、一個使得齊天大聖失去了驕傲的一個標誌。但是，從文化高度來看，緊箍咒卻並不是那麼一個淺顯的寓言。

正如觀音菩薩在回答孫悟空的質問時所說的那樣：「你這猴子！你不遵教令，不受正果，若不如此拘繫你，你又誑上欺天，知甚好歹！再似從前撞出禍來，有誰收管？——須是得這個魔頭，你才肯入我瑜伽之門路哩！」其實，緊箍咒的深層含意是，用理性來操縱和導引這隻花果山野猴身上的非理性因素，強迫他接受文明的教化，藉以斷除他身上的

原始野性，促使他的「人化」和「社會化」。

「緊箍咒」這一意象，在文化上具有重大的意義，它揭示了文化在「人」的生成過程中的巨大作用。在人類文明發展史上，接受人文教化，即「緊箍」，是必要而且必須的，緊箍咒的形成也是必須而且必然的，這是文明存在的保障，文明發展的前提，是人之為「人」的必由之徑。

定義：中國人 or 美國人？

緊箍咒指的是深植於人們頭腦中關於這個世界某個層面的假設、形象和故事。本書認為，緊箍咒是一個文化概念，是文化中已經固化了的那部分價值，是文明大廈的文化基石。

緊箍咒是一個文化現象。它表現為在特定文化環境下，對某些事物或領域，人群所表現出的普遍反應。例如，在清代中葉，中國經濟發達文化自信，人們以中央帝國自居，普遍反應是看不起西方人，輕蔑地用「夷人」稱呼他們，這便是一種緊箍咒，表現出在那個時代人們對西方人普遍所持的觀感。到了清末民國，「洋人」這個詞的出現和其中所隱含的敬畏，實際上也代表著當時人們頭腦中的緊箍咒，反映出當時的社會心態。

其實，緊箍咒就是一種價值觀。針對社會的某一系統，

緊箍咒封印了一些假設、形象和故事：這是什麼？為什麼這樣？這樣有什麼目的呢？這個東西是如何運作？它會造成什麼後果？等等。透過緊箍咒，人們幾乎可以在下意識中依據某些價值標準來理解某一系統的存在目的和形式、解釋系統的功能和觀察系統的狀態、以及預測未來的系統狀態。在19世紀，隨著鴉片戰爭的爆發，清人終於對英國人有所了解。然而，當人們發現英國居然是女王在位時，不覺笑話英國人牝雞司晨，野蠻原始；當發現英國是議會做主時，又認為是權臣欺上，大逆不道。清人的反應，絕不是封建官僚的愚蠢，而是緊箍咒的反應，在當時絕對是有理有據，令人信服的。

本質上，緊箍咒就是人們的精神文化特徵。設想一下，一個中國人，從小在美國長大，受美國教育，且直到進入社會開始工作都未接觸過中華文化，那麼，即便他是中國國籍，從文化意義上講，他就是一個美國人。因為他完全受的是美國式的人文教化，身上所形成的緊箍咒，也是標準美國式的。這個人如果回到中國，他完全可以自稱是一個中國人，但我們會把他當作中國人嗎？不會的，他完完全全是一個美國人，這不是他的國籍所決定的，這是他身上的緊箍咒所決定的。

形成：自然式 or 填鴨式？

緊箍咒對文明社會的巨大影響，是建立在其對社會個體的廣泛和深刻的影響基礎之上的。那麼，緊箍咒是如何浸透到每個社會個體頭腦中去的呢？

緊箍咒對文明社會個體的浸透過程主要有兩個：一個是自然式浸透；一個是填鴨式浸透。

回顧歷史，大多數的緊箍咒的形成都是自然式浸透。其基本形成過程大致是這樣的：

- **朦朧期**：久遠的歷史給後世留下模糊的、片段的、歷史性或故事性的文化資源；

- **萌芽期**：某一個社會個體對於舊文化資源進行深度解讀，開啟了新的文化意識；

- **傳播期**：隨著該意識的普及，形成了具有共性文化特徵的社會群體。共性文化特徵，就是社會群體在觀察、思考和行動上表現出來的一致性；

- **主流期**：社會群體的普遍性文化行為，透過統治階層的確認，變成社會的主流文化。主流文化形成之後，又會反過來對社會個體的觀點和行為產生巨大的影響，從而進一步強化了人們對該意識的認同。

- **教化期**：周而復始的長期作用下，人們不自覺地戴上了

緊箍咒，以至於到了後來，緊箍咒成為了人們心靈的主宰，讓人們在無意識中遵循了緊箍咒的價值判斷。

在西方文明史上，「自由」緊箍咒的形成便是典型的自然式浸透。羅馬時期神學家奧古斯丁（Augustine of Hippo）對《聖經》中所記述的原罪進行解讀，寫出《論自由意志》（*On Free Choice of the Will*），從而開啟了西方的自由意識；千年後的啟蒙哲學家們將其發揚光大，並在社會上掀起了「啟蒙運動」；當啟蒙思想被西方各國普遍接受之後，「自由意識」便成為了西方文明社會的緊箍咒。正是「自由」緊箍咒的存在，西方人才可能對諸如平等、權利、尊嚴、責任等問題進行深入的思考，並產生深刻的認知。

還有另外一種浸透過程：填鴨式浸透。所謂「填鴨式浸透」，就是透過政府行政的強力干預，將某種（某些）外來意識（或在野意識）在社會上進行迅速的普及，形成新的緊箍咒或者取代舊緊箍咒。在近現代文明社會，填鴨式浸透非常普遍。東亞的某些國家就是這方面的行家。

需要強調的是，無論是自然式還是填鴨式，緊箍咒的形成都需要兩個必要條件：一個是官方認定；一個是主流教育機構實施。不滿足這兩個條件，就無所謂緊箍咒，就彷彿孫悟空頭上的金箍可以隨意摘下來，或者唐僧念咒時孫悟空的頭不疼不癢。不滿足這兩個條件，就算不上文明的人文教化。

從實際情況看，隨著文明在教育、傳播、交通、人口素質等各方面的發展，一方面，只要人們願意，緊箍咒可以在很短時間內形成；可另一方面，在人們頭腦中，緊箍咒正在變得越來越亂，甚至出現死結。相對於緊箍咒的形成，或許將來人們會更加重視緊箍咒的整理工作吧。

意義：野性難馴？

緊箍咒的意義就在於對人原始生命力的導引和整合。何謂「原始生命力」？美國著名心理學家羅洛・梅（Rollo May）指出：「原始生命力是能夠使個人完全置於其力量控制之下的自然功能」，它類似於尼采（Friedrich Wilhelm Nietzsche）的「酒神精神」和柏格森（Henri-Louis Bergson）的「生命衝動」，在本質上是非理性的，因此在「天使與魔鬼」的二元論中，它常被等同於「魔鬼」。這一原始生命力「不可能被充分理性化，原始生命力的根本特徵是由它固有的悖論所決定的，即它固然具有潛在的創造性，但與此同時也具有潛在的破壞性」。就比如孫悟空在蟠桃園的監守自盜，在花果山的自立為王，還有 —— 大鬧天宮。

緊箍咒是文明社會的文化基石。緊箍咒是為適應具體文明的需求而對個體進行的精神馴服和行為規範，是文明社會形成的需求，是完全必要的。觀音菩薩給孫悟空戴一個「緊

箍咒」，就是要以此來引導他的思想，約束他的非理性，實現對他原始生命力的整合，為的是讓他能夠融入文明社會。

對於文明而言，緊箍咒固然是必要的，可是規矩太多未見的就是好的，已有的規矩也未見得都是對的。緊箍咒的目的在於用理性意識來導引和整合人們帶有非理性衝動的原始生命力，使得它們變得有益於文明。對於人的原始生命力，我們應該「疏」而不應該「堵」，更不應該「滅」。七十二變、筋斗雲等神通，就是孫悟空原始生命力的表徵。設想一下，我們能夠容忍戴上緊箍咒後的孫悟空失去他那些廣大神通嗎？

同樣的道理，緊箍咒的約束也不應改變人們的個性精神特徵。說實在話，我們也不想看到戴上緊箍咒後的孫悟空失去他那無拘無束的性子，變成一個文質彬彬的君子。

一個「人」要成為社會人，緊箍咒的規訓是必須的，但高明的緊箍咒不應使「人」的個性精神完全消融於集體理性之中，不應使「人」的原始生命力萎縮或向低端看齊。捨棄不高明的緊箍咒，引進高明的緊箍咒，對於文明來說，其偉大意義如何強調也不過分。

▎特性：「有我之境」的真意

緊箍咒就是一種慣性思維。這裡的「慣性思維」並沒有貶低的意思，而是特指我們認知事物的方法和習慣。緊箍咒是人們頭腦中基於自身文化價值的對這個世界某個層面、某些領域或某些事物的簡化了的假設。人們腦子裡裝的並不是活生生完整事物的影像，而是概念化了的假設、成見、印象。正是這些在人們頭腦中的概念化的東西決定了人們如何去觀察事物，採取怎樣的行動。

作為一種慣性思維，緊箍咒具有三個主要特性：

緊箍咒的普遍性

緊箍咒是文化的產物。在該文化人群中，緊箍咒是人們認知與行為的普遍現象。事實上，人們總是基於自身的緊箍咒來思考與行事的，這就是緊箍咒的普遍性。

緊箍咒的後天性

緊箍咒中的假設、成見和印象，其實都是人們自身後天所受到的人文教化所形成和固化的。西遊記中孫悟空所走的過程，從某種意義上就是人類個體成長過程的重演。即便其中隱含著對人文教化的反抗，最終結果卻還是「緊箍咒」獲

得了勝利——按照觀音菩薩的意願，完成了對孫悟空「心性」、「無意識」的整合和重塑。顯然，孫悟空的緊箍咒是在後天人為形成的。

孫悟空的經歷實在是有些太過奇特，太有戲劇性，以至於我們常常沉溺於其中的故事性，無法從中體會「緊箍咒到底是怎麼回事」。或者，我們可以講一個更容易理解的例子。

在小象才會走路的時候，馴獸師就用一條細小的繩子栓住牠，這些被束縛了自由的小象們通常會驚慌失措，不斷掙扎，然而憑牠們當時的力量是很難掙脫的，而且，掙扎往往還會帶來馴獸師的懲罰。幾次反覆，小象們在意識到自己無法擺脫這一困境的同時，形成一種條件反射：繩子意味著不動，掙扎意味著痛苦。等小象長大後，即便是被隨意地拴在一根小小的樹枝上，牠們也不會再掙扎了。牠們已經習慣了這種不可擺脫的束縛，並且也習慣了這種束縛下的生活。

大象所屈服的，認為不可能掙脫的僅僅是那根可見的繩子嗎？不，真正束縛捆綁牠的是牠頭腦中那根看不見的「繩索」——那種很難掙脫的習慣性行為模式和觀念。馬戲團大象頭腦中那根看不見的「繩索」，就是大象的「緊箍咒」，一個後天的、人為形成的「緊箍咒」。

緊箍咒的偏執性

所謂「見仁見智」。說的是：不同的人從不同角度去認知事物，心中有仁者就從「仁」的角度去發現事物仁的一面，心中有智者就從「智」的一面去發現事物智的一面。這句話常常用來比喻，對同一個問題，不同的人從不同的立場或角度去看有不同的看法。

人們所感知的東西（是「存在」的完整的）與經觀察後記憶在頭腦裡的東西（是假設的簡化的）往往是不一致的，看到的只是自己想看到的東西，符合自己「口味」（事實上是緊箍咒的口味）的東西，給以記憶和利用，對不符合「口味」的東西卻視而不見而排斥，近乎本能地強化自己原有的緊箍咒。王國維《人間詞話》裡談到「有我之境，以我觀物，故物皆著我之色彩」，雖然是美學角度的闡述，但是王的這一觀點也恰好說出了一個事實：人們難以客觀、公正地觀察和思考。其原因就在於「我」的存在。「有我之境」中的「我」不是別的，正是人們的緊箍咒。

緊箍咒是人們觀察周圍世界的基點。事實上，人們總是透過自己的緊箍咒來解釋和判斷這個世界的各種現象。「仁者見仁」之中的「仁」 就是一個緊箍咒：「仁」的緊箍咒，它讓一個抽象意義上的人變成了一名「仁者」；「智者見智」之中的「智」也是一個緊箍咒：「智」的緊箍咒，它讓一個抽

象意義上的「人」變成了一名「智者」。然而，能夠意識到
這一點的人在歷史上和現實中都是如鳳毛麟角般的少數。舉
例來說，緊箍咒的存在，讓中世紀歷史學家寫的歐洲歷史讀
來就像是神學歷史，讓中國古代歷史學家寫的中國歷史讀來
就像是儒家歷史，然而，沒有哪個歷史學家不自以為是「無
我」的，是公正而且客觀的。事實上，緊箍咒一直在影響人
的觀察、思考及行為，卻很難被自己所覺察。本來是偏執
的，自己卻毫無察覺，真正的偏執就在於此。

▎文明是誰？

　　緊箍咒和文明是密切相關的，緊箍咒決定了「文明是
誰」。為什麼這樣認為？讓我們先從價值觀談起。

　　通常來說，價值觀是指人們對周圍的客觀事物的意義、
重要性的總評價和總看法。價值觀的核心就是價值尺度，即
人們判斷價值事物有無價值及價值大小的評價標準。根據這
一價值尺度，在內價值觀逐步凝聚成一定的行為準則，在
外則表現為價值取向、價值追求，最後凝結為一定的價值
目標。

　　毫無疑問，緊箍咒就是一種價值觀。但是，緊箍咒是文
明層次上的價值觀，因為它是文明的人文教化產物。這點差
異注定了緊箍咒的不同凡響：同一般的價值觀相比，緊箍咒

更重視群體意識，更重視教育教化，更重視歷史淵源，更重視文明興衰……

在文明社會眾多價值觀當中，唯有那些可以幫助辨別「文明是誰」的價值觀，才稱得上是緊箍咒。如果我們將文明比喻為一個巨人，緊箍咒就是文明巨人的價值觀。在現實生活當中，人們可以透過膚色、語言等外在特徵來分辨一個中國人和一個英美人；可是，要想將中華文明巨人和基督新教文明巨人區分開，人們只能求助於文明的緊箍咒。舉例來說，如果擁有「天人合一」價值觀的文明絕不會是基督新教文明，那麼我們就可以確認，「天人合一」價值觀就是文明的緊箍咒，因為它可以將基督新教文明和其他文明區分開來。

緊箍咒是文明的根基、文明大廈的頂梁柱。一方面它們表現出高度的該文明的自身特徵；另一方面，改變了它們，文明就改變了。就比如文藝復興後的歐洲文明，和歐洲中世紀文明已經不能再混為一談。如果基督新教戴上了「天人合一」緊箍咒，那麼，之後的基督新教文明其實已經是另一個文明了。這一點非常重要，是本書對緊箍咒進行判斷的基本尺規。

通常情況下，單只一個緊箍咒是不可能斷定文明是誰的，至多能判定文明不是誰。比如說，一個擁有「天人合一」緊箍咒的文明肯定不是基督新教文明。想要判定「文明

是誰」，還需要更多的緊箍咒。舉個例子，假設我們想判定
一個人是誰。首先，性別肯定是一個有效辨識資訊，但只知
道性別資訊絕對是不夠的；如果還知道種族，至少更近了一
步；如果還知道更多資訊，比如說國籍、信仰、專業等等，
是不是判定會變得更容易呢？無疑，擁有的辨別資訊越多，
判定便會越容易。然而我們知道，人才簡歷上只提供了不多
的幾個辨識選項，因為那幾項資訊已經足夠從人海中將一個
人辨識出來了。那麼，到底多少個緊箍咒才能讓我們清晰地
將一個文明和其他文明區分開來呢？如果建立一張文明登
記表，用哪幾項基本資訊就足夠將一個獨立的文明辨識出
來呢？

　　「文明是誰」就是文明的辨識問題。文明究竟如何辨
識？經過筆者的長期研究發現，有七大價值觀，能夠有效地
回答「文明是誰」的問題；由它們所構成的價值觀體系，能
夠有效地辨識出獨立的文明。

（表）文明的七大價值觀

價值觀	定義內容	簡明解釋
世界觀	世界觀就是人們對整個世界、以及人與世界關係的一些看法和觀點，就是人們對於時間空間位置、以及它們與人物事件之間關係問題的許多假設和成見。	社會、自然和精神，哪個更有價值？

起源觀	起源觀就是對一些與事物起源及延續相關問題的認知。比如，起源的力量是否存在？世界是否是有始有終？人類是否有始有終？社會是循環往復還是不斷發展？	起源和延續，哪個更有價值？
人生觀	人生觀是深植於人們頭腦中的，對於社會人的個體和集體，其生存和成長意義相關問題的認知。人生觀也包括對人類存在的意義的認知。	逆天和順天，哪個更有價值？
秩序觀	秩序觀就是在長期社會實踐中人們所建立起來的對於社會秩序的一些認知和看法。社會秩序由社會規則所構建和維繫，是指人們在長期社會交往過程中形成的相對穩定的關係模式、結構和狀態。	一元秩序和多元秩序，哪個更有價值？
自由觀	自由觀，就是人們對自由的認知，就是人們關於自由在各個層面上的假設和成見。	社會歸屬和個人自由，何者優先？
信仰觀	信仰觀也就是人們對於「何為真理」、「真理來自何處」、「為什麼它是真理」等問題的認知。簡而言之，信仰觀就是人們關於真理的認定標準。	理性和信仰，何者優先？
道德觀	道德觀就是人們對自身，對他人，對世界所處關係的系統認知和看法。屬於社會倫理的範疇。	身分性道德、普世性道德，何者優先？

▎中國人的緊箍咒

> 歷史上中國經濟全球第一長達千年，為何一次未能領導世界？
>
> 歷史上中國科技領先全球長達千年，為何未能率先實現工業革命？
>
> 歷史上中國航海發達，領先全球長達千年，為何未能發現新大陸？
>
> 歷史上中國為什麼會出現頻繁的治亂循環，甚至形成歷史週期律？
>
> 歷史上中國人為什麼會慨嘆「興，百姓苦；亡，百姓苦」？
>
> 歷史上為什麼中國人常有「亂世出英雄」的慨嘆，太平時節英雄們都去哪裡了？
>
> ……

中華文明是現存最古老的文明，至今已有五千餘年的文明史。然而，「歷史悠久」並未給中華文明帶來更多的榮耀，反倒是上述的一堆問題一直困擾著它。人們在疑惑：這麼多的問題，為什麼在中華文明的框架內數百千年無法得以解決？其根源何在？

這些問題早已是老問題了。但是，今人必須要兢兢業業地去對待，必須要從更多的角度和側面去研究和分析。西方文明，即以英美為代表的基督新教文明，似乎克服了這些問題。一個理智的看法就是：問題的解決還是要落在西方文明身上。更準確地說，是要落在中西方文明對比身上。而本書強調，問題的解決最終是要落在文明的緊箍咒身上。更準確

地說，是要落在東西方文明緊箍咒的對比身上。（見下表）

（表）東西方文明緊箍咒比較表

價值觀	傳統中華文明價值取向	西方文明價值取向
世界觀	社會價值遠大於自然和精神	自然和精神的價值優先
起源觀	延續最有價值，迴避起源價值	起源最有價值
人生觀	重視順天價值，不提倡逆天價值	逆天最有價值
秩序觀	一元秩序最有價值	多元秩序最有價值
自由觀	社會歸屬先於個人自由	個人自由先於社會歸屬
信仰觀	信仰先於理性	理性先於信仰
道德觀	身分性道德先於普世性道德	普世性道德先於身分性道德

人的行為，追根究柢，是由其價值觀支配的。一個文明的人文教化體系，從根本上說，造就的都是符合該文明價值觀的人。每個人的一舉一動，其背後都有著文明價值觀的影子，這樣說並不過分。緊箍咒是文明層次上的價值觀。站在文明的層次上來審視，緊箍咒，其實就是該文明人群在後天形成的共同價值觀，是該文明人文教化的必然結果。例如，中國人的緊箍咒就是儒家文明人群的價值觀，就是儒家文明的人文教化結晶。

第一章　文明的緊箍咒

中國宋元明清歷代，作為人口、經濟、技術等各方面全球數一數二的大國，千年來都未曾領導世界。這究竟是為什麼？那麼多問題在中華文明框架內千年無法解決，又是為什麼？

筆者深信：祕密就在中華文明的七大緊箍咒之中。因為，中華文明的諸多問題，不可能與儒家無關，不可能與儒家價值觀無關，不可能與儒家文明的人文教化無關。

下面，筆者將深入探究中華文明的七大緊箍咒，結合西方文明進行對比說明，試圖揭開「為什麼宋元明清未曾領導世界」這一文明謎團。

- 「坐井觀天」 —— 世界觀的緊箍咒。
- 「因循守舊」 —— 起源觀的緊箍咒。
- 「天人合一」 —— 人生觀的緊箍咒。
- 「天無二日」 —— 秩序觀的緊箍咒。
- 「普天之下」 —— 自由觀的緊箍咒。
- 「天生聖人」 —— 信仰觀的緊箍咒。
- 「德配天地」 —— 道德觀的緊箍咒。

第二章

「坐井觀天」 ── 世界觀的咒語

在〈秋水〉中，莊子這樣寫到：

在一口廢井裡，住著一隻青蛙。

一天，青蛙在井邊碰見一隻從東海來的大鱉。青蛙自豪地對海鱉誇口說：「你看，我住在這裡多麼愜意呀！我要高興，就在井邊跳躍遊玩，累了就到井壁石洞裡休息。有時把身子舒服地泡在水裡，有時愉快地在稀泥中散散步。你看旁邊的那些小蟲、螃蟹和蝌蚪，牠們誰能比得上我呢！我獨自占據這口廢井，多麼自由自在！先生為什麼不經常到井中觀賞遊玩呢？」

海鱉聽了青蛙的一番高談闊論，就想進入井中看看。可是，牠的左腳還沒有完全伸進去，右腳就被井欄絆住了。牠只好後退幾步，把牠看到的大海的情景告訴青蛙：「你見過大海嗎？海的廣大，豈止千里；海的深度，何止千丈。古時候，十年裡就有九年鬧水災，海水並不因此增多；八年裡就有七年鬧旱災，海水卻不因此而減少。不隨著時間的推移而發生變化，不因為水增多減少而或進或退，這也可以說是生活在東海的大快樂吧。」

故事中的青蛙是快樂的、自足自在的，但是，牠的眼光是短淺的，牠的世界是狹隘的。

▎世界觀的決斷：人間 or 自然？

　　莊子說：你不能與井蛙論道，因為牠局限於一定的空間條件；你不能與夏蟲講冰凌，因為牠受制於一定的時間條件；你不能與見識偏狹孤陋寡聞的人講大道，因為他受其教育背景的束縛。莊子說的非常正確，井蛙的思考和行為方式不可能和海鱉相提並論，同日而語，因為各自的世界大不相同。

　　文學家韓愈說：「坐井而觀天，曰天小者，非天小也。」意思是，坐在井裡觀察天空，就會覺得天很小很小，但其實不是天太小，而是由於看天的人站得低、眼光太窄的緣故。人們普遍認同韓愈的這一說法。筆者的觀點是：韓愈的理解沒錯，但是還不夠廣闊，真正意義上的「坐井觀天」，講的是有關世界的道理，即世界觀。

　　「世界」指的是什麼？

　　今天人們所使用的「世界」一詞，溯其源頭乃出於佛教。在佛教中，「世」為時間，「界」為空間，涵蓋了時間空間不可分隔的道理，非僅僅指地球而指整個宇宙而言。這裡的「世界」，取的是佛教含義，更廣義的世界。

　　有一句話非常有哲理：你等於你加上你的世界。你之所以是你，而不是別人，並不僅在於你本身，還在於你的世界。美洲人紀念哥倫布，人類紀念哥倫布，歸根到底，並不

是由於哥倫布會航海，也不是由於哥倫布勇氣超人，而是由於他的世界和其他人的世界不同。哥倫布的世界，在地理學意義上，比當時其他人多出來一塊大陸 —— 新大陸。少了這塊世界的哥倫布，對於其親朋好友而言，可能還是那個「哥倫布」，而對於人類而言，哥倫布卻不再是那個值得紀念的「哥倫布」了。

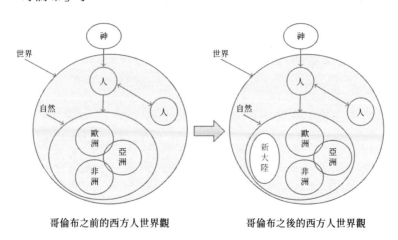

哥倫布之前的西方人世界觀　　　　哥倫布之後的西方人世界觀

　　虎克也是如此。在歷史上，這位荷蘭人第一個發現了微生物。從此，虎克的世界不再僅是代爾夫特市政廳的一位看門人的世界，也不再僅是一位放大鏡磨制愛好者的世界。在生物學意義上，他比之當時所有人都多擁有了一個世界 —— 微生物世界。對於人類而言，沒有這個世界，虎克就是人類歷史上的一粒微塵；有了這個世界，他就是太陽，照亮微生物世界的太陽。

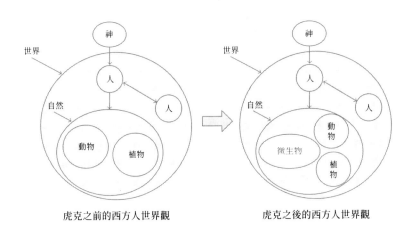

虎克之前的西方人世界觀　　　　虎克之後的西方人世界觀

　　一個人等於他加上他的世界。一個人的價值，在很大程度上決定於他的世界。哥倫布的世界若是沒有了新大陸，他的智商、航海能力、人際能力不會有什麼改變；沒有了微生物世界的虎克也是如此。然而，這樣的哥倫布、這樣的虎克，還有今天我們討論的價值嗎？正是由於自己世界的存在，才使得一個人擁有了自己的價值，而這個世界的價值越大，這個人的價值就越大。每個人都是如此，沒有人可以例外。

　　「世界觀」指的又是什麼？

　　世界觀就是人們對整個世界、以及人與世界關係的一些看法和觀點，就是人們對於時間空間位置、以及它們與人物事件之間關係問題的許多假設和成見。在這個世界上，存在著林林總總的世界觀。事實上，每個人有每個人的世界觀，

每個文明有每個文明的世界觀，就彷彿井蛙有井蛙的世界觀，海鱉有海鱉的世界觀。

世界觀，作為一套價值標準，它決定了人們對這個世界時空層面的理念和看法，這些結論反過來也會影響甚至指導人們思考和行為的方式。不同世界觀的人和人之間其思考和行為的差異之大，也就彷彿是井蛙和海鱉的翻版。換句話說，井蛙和海鱉之間的差距，就是世界觀的差距。這種差距，上升到文明層次，就是文明的差距。

人們為什麼要如此稱頌哥倫布、虎克呢？此二人之偉大，不但在於自己見到了大海，還在於讓人類也看到了大海。他們讓人類更正確地認識了自己的世界，從而使人類從井蛙變成了海鱉。他們改變了人類的世界觀，從而推動了文明的進步。

關於世界觀和文明的關係，有個實例十分貼切。在西方人眼中，中國曾是一個令人仰慕的文明古國，而到了 19 世紀，中國的形象卻突然墮落為半文明社會，甚至未開化社會。這一現象，長期以來眾說紛紜。許多人認定這主要是由西方的軍事勝利導致的，而筆者認為，其背後的真正原因是：科學技術的迅猛發展，使得西方人對整個世界有了更深刻的認知，世界觀發生了巨大的改變。

如果說原來東西方的世界觀互有長短、交相輝映的話，那麼，在其後幾百年間，情況則發生了天翻地覆的改變。西

方人的世界早已不是早先那個井口，而中國人的世界觀卻一點也沒變。一方還是那個井口、那只井蛙；而另一方卻成為遠超出海鱉的存在，遊歷過比大海還要遠為浩瀚的世界。這種情形下，要說海鱉一方不產生優越感那是不可能的。這種優越感，就是文明的優越感。這種優越感，正是來自於世界觀上的巨大落差。

「為什麼中國人的世界觀會一點沒變呢？」西方人感到十分難以理解，「數千年間一點也沒變，中國人是怎麼做到的？」說起來還是文化的問題，還是緊箍咒的問題。中國人身上有一道牢不可破的、世界觀的緊箍咒。

▋務民之義，敬鬼神而遠之，可謂知矣

中國人大體上持有的是非宗教世界觀。其主要特徵有以下幾點：其一，人們對宗教不感興趣；其二，在時間概念上（即「世」），當下的人生是最重要的、是第一位的；其三，在空間概念上（即「界」），人是最重要的，是第一位的；其四，符合前三點的生活，中國人認為是正道；符合前三點的行為，中國人認為是正事。這便是中國人的世界觀。

怎樣理解中國人的世界觀呢？對比是一個好的辦法。在這裡我們引入兩個參照物：古希臘人（簡稱「希臘人」）的世界觀與中世紀黑暗時期歐洲人（簡稱「歐洲人」）的世界觀。

首先，關於「宗教」的問題。希臘人有一種獨有的自然哲學和自然觀念，他們認為自然當中存在著萬物的本源。在這種自然觀念的影響下，他們把大自然的各種現象人格化，形成了一種自然宗教。在自然宗教中，鬼神是存在的，是充滿了人情味的希臘眾神。

歐洲人也相信鬼神的存在。他們繼承了猶太教的一神教信仰，崇拜全能萬有的上帝。他們的宗教是一種精神宗教，把人的精神力量抽象出來，當作人的對立面來崇拜，走的是把人的力量非人化的路。

與前兩者不同，中國人選擇了又一條道路。中國人不關注鬼神，對鬼神那邊的情況，比如，一神還是多神、誰高誰低、世界的創始和末日等等，絲毫不感興趣。總的來說，前兩者都承認：世界與神大有關聯。而中國人心中，人和神頗有些井水不犯河水的意味，神的存在是晦暗的、甚至有沒有無所謂。

其次，關於「時間」的問題。歐洲人由於基督教創世紀神話的影響，對於歷史有著充分的認知。不論對錯，他們充分了解人的起源和歷史背後的驅動力量，那就是上帝。而且，他們還相信「永生」、「上帝國度」等永恆概念，所以，他們也有著清晰的未來意識。希臘人有著發達的「歷史學」，記錄了各個時代的歷史事件，還對這些歷史事件進行了某種解釋。但是，使這些歷史事件得以展開的歷史本身卻

從來未進入人們的視野。

與希臘人一樣，中國人也有發達的「歷史學」。然而在中國人眼中，時間的意義還要小的多。人們很少關心歷史的正確和正義，也不太在乎歷史的走向和來世的幸福。相對而言，中國人更關心現世的生活，譬如個人的生存、成長和一些世俗價值。

最後，關於「空間」問題（即一般意義上的「世界」）。希臘人、歐洲人和中國人都意識到世界的三大要素：神─人─自然，側重點卻各自不同。希臘人的神是「自然」神，強調的是自然本源，及人與自然的關係；歐洲人的神是「精神」神，強調的是精神本源，及人與神的關係。

中國則是又一番光景。中國人將神和自然的概念弱化，代之以「天」，並且認為：人和天是相互溝通、相互連繫的。以人事追求天意，又以天意附會人事，由此中國人將人的道德準則天理化，奉為天的原理和目的。中國的先哲們一向都有著強烈的責任感和使命感，熱衷於探討和改造社會，把建立一個自己理想的社會作為自己人生的最高追求。其影響就是，中國人更重視人，更強調社會作用，其眼中的「人事」也多是針對國家的統治階層而發。可以這樣說，中國人的神是「社會」神，強調的是社會本源，及人與人的關係。

綜上所述，關於世界觀，中國人是「蔽於人，不知自

然和神」，希臘人是「蔽於自然，不知神和人」，歐洲人是「蔽於神，不知自然和人」。這就是文化差異，就是各自文化中有關世界觀的緊箍咒。

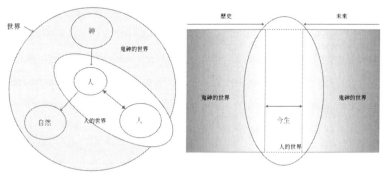

中國人的世界觀

其中，中國人的這一緊箍咒（如上圖）可以概括為四句話：

➤ 世界由兩部分組成：人的世界和非人的世界；
➤ 非人的世界，是鬼神的領地。
➤ 對於非人的世界，我們不必理會，不在其位不謀其政；對於鬼神的一切，我們要敬而遠之；
➤ 人的正路是「齊家治國平天下」，人的正事是「讀書科舉做官」。

這便是中國人的「坐井觀天」緊箍咒。

（表）「坐井觀天」緊箍咒

	時代	關鍵人物	事件 ‖ 箴言 ‖ 著作
朦朧期	西周	周公	周公制禮作樂、建立典章制度、攝政治國、平定管蔡之亂，還政成王。作為儒家奠基人，周公的一生功績給儒學後輩留下了深刻印象，並使得他們把著眼點和著力點放在了當世，放在了治國平天下。
萌芽期	春秋	孔子	《論語》：「人間」意識開啟。 「務民之義，敬鬼神而遠之，可謂知矣。」 「子不語怪、力、亂、神。」 「季路問事鬼神。子曰：「未能事人，焉能事鬼？」敢問死。曰：「未知生，焉知死？」」 《大學》：確定「人間」任務—「外王」。 「明明德、親民、止於至善」三條綱領； 「格物、致知、誠意、正心、修身、齊家、治國、平天下」八個條目。 其中「齊家、治國、平天下」則被視為外王之業。
傳播期	西漢唐	叔孫通董仲舒韓愈	叔孫通：為劉邦制定漢代禮儀，儒家由在野進入朝堂； 董仲舒：底定漢代儒學，推動儒學為官方意識形態； 韓愈：為確立和維護「道統論」，極力推崇《大學》。
主流期	北宋	趙匡胤趙光義張載二程	趙氏兄弟：做出「與士大夫共治天下」的選擇。人們開始用「內聖外王」解釋儒學。 「外王」變成儒家主體思想。 張載：「人間」奮鬥的目標具體化。 「為天地立心，為生民立命，為往聖繼絕學，為萬世開太平。」 程顥、程頤：《大學》原為《禮記》第四十二篇。二程兄弟把它從《禮記》中抽出，編次章句。

| 教化期 | 漢宋元明清 | 朱熹趙昀朱元璋 | 朱熹：「《大學》，孔氏之遺書而初學入德之門也」
因此，朱熹把它列為「四書」之首。
「外王」繼續升格；
趙昀：宋理宗嘉熙年間，《四書集注》被指定為科舉考試教材。
「外王」從理論走向實踐；
朱元璋：「寰中士夫不為君用，是自外其教者，誅其身而沒其家，不為之過。」
朱的「不為君用即為罪」令儒家弟子必須科舉出仕，使《四書集注》由必考書至必讀書。
「外王」中的「治國平天下」成為中國人的獨木橋，不走此橋即為罪。 |

▌「敬鬼神而遠之」＝「井底之蛙」？

　　中國人的世界觀並不令人難於理解，鬼神的說法在任何一個文明都存在，西方文明也不例外。中國的獨特之處在於：人們相信，致力於人世間該做的事情，對鬼神持敬而遠之的態度，是非常明智的。這一理念來源於孔子，來自於《論語》中的一句「務民之義，敬鬼神而遠之，可謂知矣。」（以下簡稱「敬而遠之」）

　　「短短一句話能說明什麼？」許多人頗有些不以為然。余秋雨先生在《千年一嘆》中寫道：「2,500 年前，希臘哲人在大海邊思考人與自然的關係，印度哲人在恆河邊思考人與神的關係，而中國哲人則在黃河邊思考人與人的關係。」如

果認真思考這句話的含義，我們就能發現：「敬而遠之」，就是這短短的一句話，使得中國人不再去思考人與神的關係，也不再去思考人和自然的關係。不錯，這是很短的一句話。但是，這句話是一個最關鍵的人，在一個最關鍵的時期，就一個最關鍵問題，給出的最關鍵的答案。事實上，它決定了中華文明的基線。

「敬而遠之」通常有兩種解讀。其一，孔子對鬼神的實際存在是懷疑的，但殷周以來篤信鬼神的傳統觀念迷漫於當時，所以孔子採取敬而遠之、存而不論的態度，而提倡多致力於人事，認為這才是明智之舉。近代思想家嚴復認定「孔教之高處，在於不設鬼神，不談格致，專明人事，平實易行。」其二，孔子相信鬼神，只是慎言鬼神罷了。《論語》中記孔子之言：「祭如在，祭神如神在。」孔子強調虔誠，無論是鬼神是否在場，都應該一個樣。正如君子處世，無論人前人後，都一個樣。如果孔子的確不相信有鬼神，也就不可能假設鬼神存在。

無論孔子的真實想法是前一種還是後一種，他的「敬而遠之」理念是確實存在的。而且，在孔子身後的數千年歲月中，「敬而遠之」一直是中國傳統世界觀的核心理念。

為什麼要把「敬而遠之」稱為「坐井觀天」呢？當古人們把許多看不懂、理解不了的事物歸於鬼神的時候，孔子認同了他們的感受，並選擇對這些事物敬而遠之：「非禮勿聽、

非禮勿看、非禮勿說、非禮也勿動」，因為「聽─看─說─動」就是對鬼神的不敬。孔子及儒家所做的這一選擇，固然在當時有其「專明人事，平實易行」的實用性一面，然而，把時間拉長了來看，它無異於人為地豎起了一口井，把眾多的神祕世界給擋在了外面，同時，也把世代中國人當作井蛙圈了起來。

黔無驢，有好事者船載以入。至則無可用，放之山下。

麒麟見之，龐然大物也，以為神，故敬而遠之。自此，遠離山下，唯恐不敬。他日，驢一鳴，麒麟大駭，恐驢怒其不敬，遠遁。從此，愈加敬驢，四季祭祀。並囑其子孫：敬拜勿惰。

虎見之，龐然大物也，以為神，蔽林間窺之。稍出近之，心驚膽戰，莫相知。他日，驢一鳴，虎大駭，遠遁，以為且噬已也，甚恐。然往來視之，覺無異能者；益習其聲，又近出前後，終不敢搏。稍近，益狎，蕩倚沖冒。驢不勝怒，蹄之。虎因喜，計之曰，「技止此耳！」因跳踉大咬，斷其喉，盡其肉，乃去。並告其子孫：驢，非神，食物也。

面對黔之驢的挑戰，麒麟和老虎大相徑庭的表現，正反映出中國傳統世界觀的問題。看看最終結果，我們不能不承認，這個問題是嚴重、深刻、而又真實的。

中華「人間」之力

「坐井觀天」緊箍咒,就是中華文明在孔子的「人間」世界觀下,於北宋時期形成的一種基本精神文化特徵。在它的影響下,中華文化形成了兩大價值取向:其一,中國人走正路,不走邪路。也就是「不好奇」;其二,中國人不喜歡計較,傾向於「糊塗」。也就是「不求甚解」。

賈寶玉的「正路」VS 富蘭克林的「邪路」

中國人走正路,不走邪路。也就是,中國人不好奇。

好奇心,簡單地說,就是人們希望自己能知道或了解更多事物的不滿足心態。一旦面臨新奇的、神祕的、自相矛盾的事物,人們就會出現想知道「究竟是怎麼回事」的心理傾向,這便是好奇心。

好奇心屬於人類的天性。自出生起,寶寶們就什麼都想知道。他們觀察、他們嘗試、他們比較,在探索中自得其樂。他們東摸摸、西摸摸、什麼都往嘴裡塞;到稍微大一點了,就開始弄壞玩具,撕壞東西;會說話了就開始不停地問「為什麼」。這些都是好奇心的驅使。

愛因斯坦(Albert Einstein)認為自己的成功來自於狂熱的好奇心;牛頓(Isaac Newton)對一個蘋果產生好奇,於是發現了萬有引力;伽利略(Galileo Galilei)也是看吊燈搖晃

而好奇從而發現了單擺。我們不敢說所有的科學家的成功關鍵都是好奇心，但至少這幾位大家的成就與好奇心脫不了關係，而且他們還有一個無可爭議的共同點：不是中國人。

「為什麼中國不出產大科學家？為什麼大科學家都不是中國人？」答案很吊詭—— 中國人不好奇。

中國人並非沒有好奇心，而是相對於邪路、少有人走的路、沒有人走過的路，他們更加喜歡正路，傾向於走正路，從而表現出一種不好奇的樣子來。中國人的這一特徵，正是「坐井觀天」的貢獻。

孔子希望弟子們走正路。鬼神之道，是正路嗎？顯然不是。孔子說：「務民之義，敬鬼神而遠之，可謂知矣。」致力於人世間該做的事情才是正路。天堂之路，是正路嗎？也不是。孔子說：「未知生，焉知死。」與前世和後世相比，致力於今生的世俗生活才是正路。孔子在教導弟子遠離鬼神的同時，也不希望他們混吃等死，給他們指出了一條正路：做今生人所應該做的事情。

班傑明·富蘭克林（Benjamin Franklin）一生只在學校讀了這兩年書。十二歲時，他到哥哥經營的小印刷所當學徒，自此他當了近十年的印刷工人，後來，富蘭克林和別人一起開始創辦自己的印刷所，出版費城第一份報紙《賓夕法尼亞報》。當他走完了人生路，靜靜地躺在教堂院子裡的墓穴中，他的墓碑上只刻著：「富蘭克林—— 印刷工人」。

應該說，富蘭克林的人生道路，乃是印刷之路。很遺憾，富蘭克林在好奇心的誘惑下，偏離了他的正路。

西元 1746 年，一位英國學者在波士頓利用玻璃管和萊頓瓶表演了電學實驗。富蘭克林觀看了他的表演，並被電學這一剛剛興起的科學強烈地吸引住了。隨後富蘭克林開始了電學的研究。所以，當他寫了一篇名叫《論天空閃電和我們的電氣相同》的論文後，遭到了許多人的冷嘲熱諷，有人甚至嗤笑他是「想把上帝和雷電分家的狂人」。

很顯然，好奇心將富蘭克林帶上了一條邪路。無論後世如何評價富蘭克林，一件事實永不會改變：印刷之路，他的正路，被好奇心葬送了。俗話說：好奇心害死貓。好奇心可能有些好處吧，但它肯定會讓人心長出雜草，注意力不再集中於正事；如果它再強烈些，往往便會讓人行偏走差，遠離了正路，就比如富蘭克林。

孔子不希望弟子們遠離了正路。誰也不能讓弟子們走偏，就算好奇心也不能。孔子似乎知道，當某事物被禁止時，最容易引起人們的求知欲；或者他很清楚，若是只作出禁止而又不加任何解釋，濃厚的神祕色彩極易引起強烈的好奇心。於是，孔子並沒有生硬地說「不許靠近鬼神」，而是直接告訴弟子們要做什麼，告訴弟子們什麼事情要優先去做，要先做完該做的事情，再去做那些你想做的事情。這其中，「該做的事情」，即做今生一個人所應該做的事情，就

是正路。這條正路，就是「內聖外王」之路，到了宋後更具體為「科舉出仕」之路。

儒家的「正路」非常之正，譬如「齊家」、「治國」、「平天下」、「為萬世開太平」等。當你面前有了這條正路，還需要好奇其他的道路嗎？不需要，因為沒有比儒家道路更正確、更道德、更輝煌的道路了。同時，儒家的「正路」又極窄極險峻，從童生、秀才、進士到當官做到宰相，都是千軍萬馬過獨木橋似的行程，一旦走上了正路，你不兢兢業業地全身心投入，那就完全是死路一條，根本沒有你好奇張望的餘地。

尤其值得一提的是朱元璋的執拗。出於對理學的狂信或某些原因，朱元璋將《四書集注》定為科舉考試的題庫，同時還發布命令：「寰中士夫不為君用，是自外其教者，誅其身而沒其家，不為之過。」朱的「不為君用即為罪」令儒家弟子必須科舉出仕，使得「外王」道路成為中國知識階層的唯一出路。於是，有明三百年，養士三百年，人們只有「科舉出仕」一條路可走，成功只有「官位」一個衡量標準。

走別的道路是有罪的，而且是死罪。自從意識到這一點，中國知識階層便徹底洗心革面，丟棄了一切不符合實際的幻想，自然也包括那要人命的好奇心，一心一意地在正路上奔走，全身心地投入到無限的正事當中去。與此同時，其他的道路，比如說「研究鬼神」、「探索自然」，就成了邪路，完全沒有人走的路。

美國詩人羅伯特 · 佛洛斯特（Robert Lee Frost）寫過一首詩《不曾走過的路》（*The Road Not Taken*），詩中寫道：

在許多許多年以後，在某處
I shall be telling this with a sigh
我會輕輕嘆息說：
Somewhere ages and ages hence:
黃樹林裡分叉兩條路，而我
Two roads diverged in a wood, and I ——
我選擇了較少人跡的一條
I took the one less traveled by
使得一切多麼地不同
And that has made all the difference

在中國，人們眼前也有兩條路：一條叫「正」路，一條叫「邪」路。除了某些自甘墮落的「賈寶玉」們選擇了後者之外，每一位中國人都鄭重地選擇了前者，那條無罪之路。

一開始，中國人是有好奇心的，後來，破碎了……

牛頓、愛因斯坦被逐出師門？

中國人不喜歡斤斤計較，傾向於「糊塗」。也就是，中國人不求甚解。

歷史學家黃仁宇教授發現，在明代國家檔案《明實錄》中，即使是關係一國命脈的經濟數位、軍事數位，都嚴重不實。連鑄造錢幣這樣的財經大事，該檔案中所記金陵一次所

鑄錢幣的數量，實際上整個明代兩百多年間天天加班鑄造都不可能完成。但是，這些重要檔案的記錄者、校對者、審核者、閱讀者沒有一個能發現，他們連發現的敏感都沒有。

對此，黃仁宇先生的結論是：「中國歷史最大的問題是缺少數位化管理。」而筆者認為，這一現象是社會上層的「不求真」與社會下層的「不求甚解」共同作用的結果，是由中國人「不喜歡斤斤計較」的精神文化特徵所決定的。而這種特徵的背後，就是「坐井觀天」緊箍咒。

話說孔子曾經有過幾位門徒，名不載於七十二門徒之列。一日，孔子檢查這幾人功課。

問：「哥倫布，近日有何所得啊？」哥倫布答曰：「弟子突然覺得大地是圓的。如果乘船一直向東行，或許最終能返回出發點。」子不語。

少頃，問：「虎克，近日有何所得啊？」虎克答曰：「近來頗有心得。弟子制一鏡，用來看蜜蜂，發現蜜蜂腿上的短毛，猶如縫衣針一樣地直立著，使人有點害怕。」子不語。

少頃，問：「牛頓，近日有何所得啊？」牛頓答曰：「弟子在樹下休息，被蘋果落下來砸到了頭。突感疑惑，為何蘋果要落下，而不向上飛呢？」子不語。

少頃，問：「愛因斯坦，近日有何所得啊？」愛因斯坦答曰：「我發現自己和師妹們一同讀書時感覺時間過得很快，可是和師兄們一起讀書時感覺時間過得很慢。這是怎麼回事

呢？百思不得其解。」

孔子終於怒不可遏：「你們拜到我門下，尚未能事人，焉能事鬼神？汝等想法，乃是大不敬，不怕鬼神見責嗎？」。

四人表示：吾等追求真理，不怕犧牲。孔子益怒：「汝等尚未知生，焉知死乎？來人，將此等不肖之徒轟將出去！」

七十二門徒見這幾位被逐出門牆，不覺嘆息：「孟浪啊孟浪。殊不知『不語怪力亂神』乎？不智之極也。」

為什麼牛頓等四門徒會被逐出門牆？孔子說：對鬼神持敬而遠之的態度，是非常明智的。而牛頓等人的求真行為卻是在接近鬼神的領域。在孔子看來，這只不過是四門徒不明智；可在孔門弟子看來，這叫違背至聖先師的教導，是可忍孰不可忍！儒家弟子絕對不會那麼做，因為那意味著自己既未敬鬼神、亦未遠鬼神，還未「畏聖人之言」。在儒家社會裡，那就是自絕於人民。中國為什麼沒有牛頓？這便是主要原因之一。

「敬而遠之」有讓人與鬼神保持距離的一面，還有少為人提及的另一面：它是相信鬼神的。所謂鬼神，其實都可以歸於人類的各種迷信觀念。從理論上講，人類可以對任何事物產生迷信觀念。尤其是迷茫而不知究竟的情形下，人們很容易陷入迷信之中。當發生月蝕的時候，人們會以為天狗食月；當發生地震時，人們會以為奸臣當道；當六月飛雪，人們會認為有冤案發生，這些都是歷史上真實存在過的迷信觀

念。在「敬而遠之」觀念下，傳統中國人只會相信這些迷信觀念，因為這些現象他們理解不了，只能將其設想為鬼神的意志在作祟，繼而採取敬而遠之的方式來處理。這才是「敬而遠之」的真面目。

班傑明‧富蘭克林認為：閃電現象實際上是另一種源自萊頓瓶的電火花，只是在形式上更猛烈而已。隨後他用風箏實驗證實了自己的理論，奠定了自己的科學家地位。後來，西方人用一句名言稱頌他的這一成就 ── 「他從天空抓到了雷電」。

閃電，在傳統中國人看來，那絕對是鬼神的領域。若是你問：閃電的掌控者是雷公、還是電母、還是龍王，還是更高層的神仙，比如說，希臘傳說中的眾神之王 ── 宙斯呢？中國人會回答：哪位神仙管其實並不重要，重要的是我們要敬而遠之。如果是在傳統中國，如果富蘭克林是一個中國人，那麼他的舉動，即便出發點是想證明「閃電到底是哪位神仙管？」，人們也不會由於富蘭克林的求真而表揚他，最後能得出「閃電歸雷公管」的真理而歌頌他，因為從一開始他就錯了 ── 他沒有敬而遠之。

當許多事物人們難以理解、無法解釋的時候，神祕感便產生了；百思不得其解之後人們便把這些事物劃歸鬼神的領域，想像其背後存在著某種超自然力量，鬼神就誕生了。那麼，哪些事物屬於「難以理解、無法解釋」的範疇呢？很遺

憾，自然界都是古人所無法理解和正確認識的，否則山神河伯土地爺的說法就不會有了。同時，在社會生活領域，「三綱五常」是中國人的基本信條，被人們認定為「天理」。如此，自然界和人類社會便都成了「敬而遠之」的對象，人們求真的禁區。

面對遍地的禁區，中國人對求真徹底失去了興趣。為避免誤入鬼神地盤，為遵從聖人教導，人們學會了「難得糊塗」。失去了興趣，緊接著就是失去能力。既然不能求真，求真所需的「演繹、歸納、觀察、實驗、測量、數學」等能力便統統沒有了用場。到了後來，就算想讓人們求真，他們也不會了，這方面的能力完全退化了。在歷史上，等到 18 至 19 世紀東西方文明相撞時，即便是各種求真的方法和工具擺在面前，中國人也還是不明白它們的價值。為什麼呢？對求真的社會需求都已經沒有了。

一百年，從「天朝上國」到「東亞病夫」，大清怎麼做到的？

大清帝國。自西元 1616 年建國開始，戰事連連，至康熙皇帝西元 1681 年平定三藩，真正統一中國後，國勢蒸蒸日上，到乾隆的這一時期（西元 1735 年至 1799 年），已經經歷了百年的發展，國土、人口、經濟，幾乎在所有方面都取

得了史上未有的發展，達到了中國封建社會的頂峰。

19 世紀上半葉，也就是 1,800 年後，清朝開始衰落。內部，政治腐敗、財政虧空、內戰連連；外部，屢戰屢敗，割地賠款，不平等條約一個接一個，首都兩次陷落。到 1911 年它被辛亥革命推翻時，被世人蔑稱「東亞病夫」。

從西元 1800 年的「天朝上國」到西元 1900 年的「東亞病夫」，前後境遇之懸殊，真可謂雲泥之別！那麼，大清帝國的這種如同自由落體般的表現，又是什麼原因造成的呢？──探索！探索精神的缺失導致大清帝國由輝煌走向衰落。

19 世紀，英帝國的「日不落」VS 清帝國的「日日衰」

探索精神是文明發展的源動力，也是對文明的有力鞭策。文明若是發展緩慢甚至時有倒退，常常是由於探索精神缺乏。沒有了探索，矛盾就得不到解決，問題就得不到解釋，錯誤就得不到批評，正確就得不到支持，文明就很難繼續保持進步。在清朝前期，統治集團是不缺乏探索精神的，否則，他們也不會從一個幾萬人的小部落，發展成君臨整個東亞的霸主。然而，乾隆之後，他們不再親近它了。

清朝有文字獄的傳統，而乾隆時期是清代文字獄的巔峰。乾隆皇帝似乎把文字獄當成了家常便飯，在其統治期間

製造 130 多樁，占整個清朝文字獄的 80％。他還屢下禁書令，銷毀了大量有價值的圖書。《四庫全書》雖然是乾隆在位期間編成的，但是在編書的同時，乾隆還燒毀了大量「違禁」書籍。人們常常懷疑：乾隆的主要目的是編書呢？還是燒書呢？

對於文明而言，探索是懷疑的繼續和超越。然而，清朝統治者的「文字獄」、「毀書」、「禁書」加上「八股取士」等政策，明白地告訴人們：不要懷疑，不准懷疑。他們的措施是非常成功的，清人慢慢地從不能懷疑，變得不會懷疑了。沒有了懷疑，還有探索嗎？

乾隆為了維護滿人的獨立性，強化滿族的統治基礎，堅持以「國語騎射」為本。乾隆十七年，乾隆在紫禁箭亭、御園引見樓、侍衛校場和八旗校場設立訓守冠服騎射碑。碑上強調：「後世子孫臣庶咸知滿洲舊制，敬謹遵循，學習騎射，嫻熟國語，敦崇淳樸，屏去浮華。」乾隆年近八旬時仍率領子孫到木蘭圍場狩獵，還打中三頭鹿。

乾隆不但告訴人們不該懷疑什麼，還告訴人們該相信什麼。這些措施無疑是很有道理的，至少對清朝統治者來說很有道理。但是，我們知道，馬戛爾尼（George Macartney）使團給乾隆帶來了許多新東西，「禮品共 19 宗、590 餘件」，都是當時英國的精品，也是當時世界最先進科學技術的代表作。事實上，清朝統治者在「國語騎射」和「先進科學」之

間，做出了自己的決斷。

18 世紀中葉以後，乾隆認為清朝已經進入全盛時期，「持盈保泰」也逐步成為清朝的治國之策：「重熙累洽誠斯日，保泰持盈乃此時」，「遺孽廓清永砥屬，持盈益勵敬皇皇」，「惟益勵持盈保泰之心，夙夜倍切，永兢此意，願與中外臣民共之。」

「持盈保泰」告誡人們在富貴極盛時要小心謹慎，防止因盈泰而驕奢。作為一種處世法則，「持盈保泰」有其積極意義。但是，如果將它上升為治國之道，上升為指導社會發展的發展觀，勢必會使社會失去銳意進取的精神。而這種銳意進取的精神，在很大程度上，就是所謂的「探索精神」。

如果說小部落滿洲在東方的崛起是一個奇蹟，那麼，同一時段小島國英國在西方的表現絲毫也不遜色。英國自西元 1588 年意外擊敗西班牙無敵艦隊後開始崛起；緊接著內戰連連；西元 1688 年光榮革命後迎來大發展；到了 18 世紀末，已經成為歐洲列強中的一員，也是英國歷史上的最高峰。

西元 1792 年，即乾隆五十七年，英政府派出以馬戛爾尼勳爵為首，由數百餘人組成的龐大使團前往中國。即著名的馬戛爾尼使團訪華。這是東西方兩個大國的第一次接觸。這一時期，也正好是雙方的頂峰時期。這時候的英帝國和清帝國，可謂「一東一西，交相輝映」。

我們知道，馬戛爾尼訪華最後以失敗告終。那麼，未能

一百年，從「天朝上國」到「東亞病夫」，大清怎麼做到的？

達成合作願望的英國，其後發展的如何呢？ 19世紀是大英帝國的全盛時期。19世紀上半葉，英國成為世界上第一個完成工業革命的國家。1914年英國占有的殖民地比本土大111倍，是全球第一大國和第一強國，號稱「日不落帝國」。

人們不禁好奇：究竟是什麼力量如此偉大，竟能支撐得起大英帝國的這種力壓百代、氣吞萬國的表現呢？——探索！是英國人的探索精神！

探索精神有助於人們去偽存真，去粗取精，由表及裡，最終用先進取代落後，用正確取代錯誤，合理取代不合理，從而使文明得以不斷優化、不斷進步。19世紀的英國人正是探索精神的代表：

他們探索人類世界，使得殖民地遍及全球；他們探索經濟世界，用機器取代人力，掀起了工業革命；他們探索物理世界，提出了原子論，創立了波動光學、熱力學、經典電磁場理論；他們還探索自然世界，發現了南極大陸和北磁極。英國人在探索中不乏悲劇，比如西元1845年的富蘭克林北極探險隊，全隊129人在3年多的艱苦行程中陸續死於寒冷、飢餓和疾病，無一生還。卻也不乏偉大的收穫，1831年達爾文（Charles Darwin）的環球考察，成就了日後震撼世界的《物種起源》（*On the Origin of Species*）和演化論。

到底是什麼決定了大清帝國和大英帝國命運？——毫無疑問，是探索精神。英國的勃興證明：探索精神越強，則

其文明動力越強，甚至可以使一個島國蠻夷在短短百年間一躍成為世界霸主；清朝的衰落則說明：失去了探索精神，文明必然會陷入沉悶和停滯，甚至可以讓一個歷史悠久、地大物博、人口眾多的泱泱大國在短短百年間從「天朝上國」淪落為「東亞病夫」！

林則徐們的「視而不見」and 夫子們的「不知為不知」

西元 1840 年。鴉片戰爭。

琦善，滿洲貴族出身。父親成德，官至熱河都統。琦善 18 歲正式補官，此後仕途暢順，飛黃騰達。29 歲，河南巡撫。後歷任山東巡撫、兩江總督。西元 1831 年，遷督撫疆臣之首的直隸總督。西元 1836 年，授協辦大學士，西元 1838 年文淵閣大學士，官居正一品。

伊里布，愛新覺羅氏，滿洲鑲黃旗人。嘉慶六年（西元 1801 年）進士。歷任通判、知府、知州、按察使、布政使和陝西、山東、雲南巡撫。道光十八年（西元 1838 年）被任為雲貴總督、協辦大學士，道光十九年（西元 1839 年）十二月調任兩江總督。

楊芳，貴州松桃人。15 歲從軍。以參加平定川楚白蓮教而官列總兵，以平定河南天理教而獲雲騎尉，道光初年平定張格爾之役，以參贊大臣身分，率兵窮追擒獲張格兒，檻送

北京。封三等果勇侯；授御前侍衛；加太子太保；繪像紫光閣；賞雙眼花翎、紫禁城騎馬。鴉片戰爭前，任湖南提督。

奕山（西元 1790 至 1878 年），清朝皇室，康熙第十四子胤禵玄孫。始授乾清門侍衛，西元 1827 年，隨征新疆喀什噶爾有功，於西元 1831 年補伊犁領隊大臣。西元 1836 年始，主持新疆巴爾楚克屯墾，開田十六萬餘畝，西元 1838 年因功授伊犁將軍。西元 1840 年，任領侍衛內大臣，御前大臣等職。按照清朝的官位品秩，領侍衛內大臣相當於文職的內閣大學士，為最高一級。

林則徐，漢族。曾任江蘇巡撫、兩廣總督、湖廣總督、陝甘總督和雲貴總督，官至一品，兩次受命為欽差大臣。

……

鴉片戰爭中，先後有 12 位清朝大臣捲入。其中有漢族，有滿族；有文人，有武者；有平民出身，有皇族血統；有一心媾和的，也有堅決對抗的。可以看出，這些人不但地位高，而且很具有代表性。他們就是當時中國的精英、對國家負有重大責任的頂級人物。以鮮血贏得勝利，自是其價值的充分展現。以鮮血換來的失敗，也絕不是無謂的，這是所謂「血的教訓」。可是，鴉片戰爭失敗後，大清得來的教訓是什麼呢？

可以說，戰前戰後，大清朝依然如故，就像那場戰爭從未發生過。這些大清的精英們，也毫無改變，做事未變，作風沒變，想法也沒變。這些人，作為一品大員，有充分的權

力和能力,卻什麼也不說,什麼也不做,林則徐也不例外。這些人經過全身心的努力,卻飽嘗了戰爭失敗苦果,理應對戰敗體會很深,理應有猛烈的反省,理應有復仇的欲望。然而,近在眼前的「數千年未有之大變局」,他們卻視而不見,根本毫無知覺。從 12 人戰後的表現看,他們就彷彿五歲的小孩,去電影院看了一場科幻電影,由於沒看懂而哭了一場鼻子,回到家後繼續開心地玩他的積木。

為什麼他們會對擺在眼前的新事物、新世界無動於衷呢?他們明明睜眼看到了新世界,為什麼卻又重新把眼閉上呢?人們不能不認真思考。

孔子到東方遊學,途中看見兩個小孩在爭論,就問他們爭辯的原因。

一個小孩說:「我認為太陽剛出來的時候距離人近,而正午的時候距離人遠。」

另一個小孩認為太陽剛出來的時候離人遠,而正午的時候距離人近。

一個小孩說:「太陽剛出來時大得像車蓋一樣,到了正午時太陽就像盤子碗口那樣小,這不是距離人近的大,而遠的小嗎

另一個小孩說:「太陽剛出來時讓人感覺清涼而略帶寒意,到了正午時就感覺像把手伸進熱水裡一樣溫暖,這不是

距離人近的熱，而距離人遠的涼嗎？」

孔子聽了不能決斷他們誰對誰錯。兩個小孩笑著說：「誰說你見多識廣的呢？」

「兩小兒辯日」相傳是兩千多年前中國一位哲學家列子所著。借兩位小朋友之口，列子提出了「太陽的遠近問題」，並將其放在了孔子面前。令人難堪的是，在故事中，聖人也不能判斷誰是誰非。

問題的答案是什麼呢？沒有答案。兩千多年來，幾乎沒有一個儒家弟子不知道這個故事，卻無人站出來給聖人解圍，嘗試給出一個答案。如果也可以算作是一個答案的話，恐怕沒有什麼答案能比它更令人驚訝了。

為什麼儒家弟子們、大清精英們會不約而同地視而不見無動於衷呢？人們即便在不斷強調所謂「知之為知之，不知為不知」的實事求是的態度，然而，心底還是在懷疑：莫非中國人失去了探索精神？

所謂「探索精神」，就是好奇心驅動的，探索自己的真實世界的一種精神。探索精神，嚴格地說，是一種不受外界影響、與功利無關的精神活動，其最終目的是為了發現真實的自己。你等於你加上你的世界。探索就是在探索你的世界，認識真正自我的過程。從這個意義上講，不探索就意味著放棄認識自我，無好奇心地探索就意味著無法發現新的自

我，不求真地探索就意味著無法認識真實的自我。

人生就是一種個人疆界的探索。任何一個民族，都存在著為自己心目中真理的奮鬥的人群，無論是研究幾何之美的希臘人，還是證明上帝偉大的歐洲人，還是準備科舉考試的中國人，他們都一樣在探索，一樣有「十年寒窗苦」，一樣有「金榜題名時」，差別只在於要探索什麼。而彼此間的這種差別在很大程度上就取決於各自的世界觀。

子曰：「務民之義，敬鬼神而遠之，可謂知矣。」、「可謂知矣」這四個字，道明瞭世界觀有明智與不明智之分，說明了世界的價值可以用某些標準來衡量。這一世界觀讓中國人認定：與人有關的真理，特別是與「人和人」相關的真理，最值得探索。值得強調的是，在明代前，中國人還只是覺得別的探索相對價值不高；而明代以後，拜朱元璋所賜，別的探索已經完全不為社會所接受了。

平心而論，中國人有著絕不亞於西方人的探索精神。然而，中國人的世界觀告訴人們 —— 探索精神應該展現在哪個方面。歷史上那些無所不用、無處不在的權謀鬥爭及厚黑哲學，不正是中國人在自己世界觀領域下的探索嗎？

第三章

「因循守舊」 —— 起源觀的咒語

「如果將孟子和一個小孩扔到荒島上。小孩身上有水和食物，但僅夠自己生存用；孟子既沒有水也沒有食物。你說，孟子會不會去搶那個小孩呢？」

「這樣的假設有何意義？」

「據一位哲人講，道儒釋耶穌回教，他們都在試圖做一件事：在充斥資源有限與欲望無限矛盾的現實世界中，在盡可能大的範圍內建立起一種盡可能緩和這種矛盾並盡可能永續運行的秩序體系。孟子和小孩的故事，就是演繹資源有限與欲望無限之間的矛盾，希望聽聽你的答案。」

「對於人類而言，這樣的假設沒有意義。因為人類會創造！」

▌起源觀的決斷：傳承 or 創造？

據《聖經》記載，上帝耶和華用六天時間創造了天地和世界萬物。

第一日，上帝說：「要有光！」便有了光。上帝將光與暗分開，稱光為晝，稱暗為夜。於是有了晚上，有了早晨。

第二日，上帝說：「諸水之向要有空氣隔開。」上帝便造了空氣，稱它為天。

第三日，上帝說：「普天之下的水要聚在一處，使旱地露出來。」於是，水和旱地便分開。上帝稱旱地為大陸，稱眾

水聚積之處為海洋。上帝又吩咐，地上要長出青草和各種各樣的開花結籽的蔬菜及結果子的樹，果子都包著核。世界便照上帝的話成就了。

第四日，上帝說：「天上要有光體，可以分管晝夜，作記號，定節令、日子、年歲，並要發光普照全地。」於是上帝造就了兩個光體，給它們分工，讓大的那個管理晝，小的那個管理夜。上帝又造就了無數的星斗。把它們嵌列在天幕之中。

第五日，上帝說，「水要多多滋生有生命之物，要有雀鳥在地面天空中飛翔。」上帝就造出大魚和各種水中的生命，使牠們各從其類；上帝又造出各樣的飛鳥，使牠們各從其類。上帝看到自己的造物，非常喜悅，就賜福這一切，使它們滋生繁衍，普及江海、平原。

第六日，上帝說：「地要生出活物來；牲畜、昆蟲、野獸各從其類。」於是，上帝造出了這些生靈，使牠們各從其類。上帝看到萬物並作，生滅有繼，就說：「我要照著我的形象，按著我的樣式造人，派他們管理海裡的魚、空中的鳥、地上的牲畜和地上爬行的一切昆蟲。」上帝就照著自己的形象創造了人。上帝本意讓人成為萬物之靈，就賜福給他們，對他們說：「要生養眾多，遍滿地面，治理地上的一切，也要管理海裡的魚、空中的鳥和地上各樣活物。」

　　第七日，天地萬物都造齊了，上帝完成了創世之功。在這一天裡，他歇息了，並賜福給第七天，聖化那一天為特別的日子，因為他在那一天完成了創造，歇工休息。就這樣星期日也成為人類休息的日子。

　　上帝就是這樣開闢鴻蒙，創造宇宙萬物的。

　　在基督教文化中，人們都崇拜上帝。但說起崇拜上帝的理由，往往個人有個人的理解、各自有各自的重點，比如說，有人說是救贖、有人說是永生、有人說是博愛等等。這種眾口不一是讓人感覺有些奇怪，不過，想想《新約》和《舊約》的衝突，天主教基督教東正教之間的教派差異，林林總總的小教派的存在，這樣小小的不和諧還是可以理解的。那麼，是否有一個崇拜的理由為人所普遍接受呢？有的。上帝是這個世界的創造者。

　　創造，是一個異常重要的概念。它不但意味著新事物的開始，還隱含著舊事物的消亡、事物的起源以及終結。一個真正喜歡歷史的人，如果自身邏輯能力沒問題的話，他必定會喜歡創造，必定會尊重甚至崇拜創造者。因為沒有創造，也就無所謂歷史。創造，就是事物的起源，歷史的開啟；創造的力量，就是起源的力量；創造者，就是起源力量的掌控者；而上帝，則是最強的創造者，整個世界的創造者。

　　《聖經》告訴人們，上帝是最偉大的，因為他是造物主，他創造了世界。同時，《聖經》還提醒人們，人類具有

上帝的形象，其受造後所擔負的責任是把上帝充滿智慧和益處的治理拓展到全世界。人類是有意義，有抉擇能力，能塑造社會的存在。人類被賦予從世界中創造新事物的能力。這就是人們的職業，人類存在的目的。

在傳統中國，中國人崇拜的是孔子。孔子曾自我評價「述而不作，信而好古」，大意是「我相信和愛好古時候的東西，只敘述和闡明前人的學說，自己不創作」。就個人偏好而言，相對於「創造新篇」，孔子更喜歡「傳述經典」，即「因循」；相對於「當前著作」，孔子更喜歡「早期經典」，即「守舊」。

孔子相信並愛好古代，這是無可爭議的。需要強調的是，孔子應該是尊重甚至是崇拜創造者的。單單從「只敘述和闡明，自己不創作」的做法來看，孔子不但承認前代創造者們的高明，還頗有自以為不如這些先賢的意思。《易經》等經典著作，文王周公的事業，也證明了孔子絕非故作謙虛。可問題是：孔子是聖人，是至聖先師。

無論什麼事情，落在孔子身上，便有了更深刻的含義。現在，孔子在自己身上貼了兩個標籤：「因循」和「守舊」。於是，令人遺憾的事情發生了。千百年後，「因循」、「守舊」被後人引申曲解為：與「創造」相比，「維護」更有價值；與「現在」相比，「過去」更有價值。就這樣，在中國人的腦海中一件非常重要的東西隱退了，那就是——創造，

取而代之的是 —— 傳承。因為，「因循」、「守舊」與起源的力量毫無瓜葛，它們代表的是傳承的力量。

傳承，也是一個非常重要的概念。如果任何一個事物都有起源的話，那麼它必然也包括發展輝煌衰落湮滅終結的過程。這一過程對於大道也是適用的。中國人普遍認為，讓大道永遠流傳下去，即傳承，是非常有意義的事情。擔負傳承這項任務的就是傳承者。傳承者在大道的輝煌期作用並不顯著，然而到了湮滅期，也就是大道失去了人們的普遍認同、快要失傳的時候，傳承者就有了非凡的意義。他的存在與否關係到大道是就此走向終結還是再度復興的大問題。傳承，就是事物的延續，歷史的繼續或者回歸歷史的正道；傳承的力量，就是延續的力量；傳承者，就是延續力量的掌控者；而孔子，則自認為是在春秋那個王綱失墜、禮崩樂壞、政治失序的時代，周公所創造的禮樂等級典章制度的傳承者，擔負著延續和復興禮樂大道的使命。

孔子的偉大是不容置疑的，人們的孔子崇拜也是誠心誠意的。於是，「因循守舊」意識深深地浸入到了中國人的骨髓，因為孔子本人是一位傳承者。

在西方，人們崇拜上帝，而在中國，人們崇拜的是孔子。孔子是人，上帝是神，按說同時崇拜孔子和上帝並非不可能，創造和傳承並重應該是不矛盾的。然而，歷史和現實都告訴我們，中國人對上帝崇拜有著發自心底的抵抗，對於

傳承有著近乎偏見的摯愛。關於這個問題，筆者認識的一位外國傳教士朋友感到非常不解。

他說：「如果中國人真信仰孔子的話，本應該是相信上帝的。」

「此話怎講？」我有些驚訝。

「孔子自認為信而好古，還有比創世紀更古的嗎？孔子認為君君臣臣父父子子，人類的父親莫非不是上帝嗎？君的權威莫非不是來自上帝的嗎？中國人信仰孔子而不信仰上帝，豈不是很沒有道理嗎？」

「這個……」

在社會倫理上，孔子強調「君君臣臣父父子子」，即做君主的要像君的樣子，做臣子的要像臣的樣子，做父親的要像父親的樣子，做兒子的要像兒子的樣子。在歷史上，此觀念被發揚光大為君為臣綱父為子綱，被認為是神聖的天理，成為傳統中國社會架構的基石。

既然君臣父子關係如此重要，那麼第一個君王是誰？第一對君臣是如何產生的？第一個父親是誰？第一對父子是如何產生的？甚至第一個人是從哪裡來的？人們不免會有這樣的疑問。可問題是，不知什麼原因，「信而好古」的孔子，其心目中的「古」卻只上推到堯舜時代，就彷彿堯舜之前都是真空一般。這些跟起源相關的問題，可能是沒有意識到，也可能是並不關心，也可能是避而不談，反正是沒有對應。

這種留白的態度，看似躲開了難以說清楚的起源問題，實際上則是擱置了一個重要意識 ── 創造。

理性地說，上帝創世的說法有些虛無飄渺，孔子的保留態度是嚴謹的、值得稱道的。然而，人類卻不是理性的，尤其是談及信仰的時候。上帝和孔子，他們都是人們心中的信仰。他們對人群的作用不僅在於形式表面，更在於人群的價值取向和觀點。他們的言行不但為公眾所接受和認可，而且是人們學習和效仿的對象。從這個意義上講，一個民族或者一個文明，其文化意義上的人格就是由其信仰的典型人格所凝聚而成。而人們知道：上帝是一位創造者；孔子是一位傳承者。

一個是「創造」，一個是「傳承」，東西方文明在起源觀上可謂「各持一端」。

所謂「起源觀」，就是對一些與事物起源及延續相關問題的認知。比如，起源的力量是否存在？世界是否是有始有終？人類是否有始有終？社會是循環往復還是不斷發展？而其中的一個核心問題就是 ── 起源和延續，哪個更有價值？對於這個問題，西方人用「創造」給予了一個積極的答案。而中國人的回答是：「什麼是起源？不好意思，字典裡沒有這個詞。」

春秋戰國，國無寧日，歲無寧時，土無定主，人民生活困苦不堪。這時，孔子和耶和華連袂現身。

人們向孔子求教：「聖人啊！求您給我們指點一條明路

吧。我們都要活不下去了。」孔子說：「我們要克己復禮。克制自己，回歸傳統。古代聖賢的光輝，我們只有傳承、只有弘揚。當我們修身養德，能夠成功地克制住自己，嚴格地遵行聖人的教導時，社會將會大同，人們將會喜樂無限。」

人們向耶和華求教：「上帝啊！求您給我們指點一條明路吧。我們都要活不下去了。」上帝說：「你們要創造。你們是以我為範本創造出來的，你們和其他生物最大的不同就是創造 —— 因為我是造物主。其實，你們一直在創造。你們已經有了倫理道德和禮制，而這些就是你們自己創造出來的。堅持創造之路，所有的問題都會迎刃而解的。相信我。」

場景和對話都是虛構的，東西方在起源觀上的不同，卻是真實而深刻的。這種差異，短期內看似影響不大，可是把時間拉長到百年千年一看，我們才知道 —— 它不但決定了「創造」的命運，更決定了文明的未來。

▎述而不作，信而好古

在西方，人們的創造意識隨著人們的日復一日對上帝的歌頌聲中不斷成長。

千百年下來，對上帝崇拜和讚頌，為其西方信仰者帶來了強烈的創造意識：

➤ 創造者是偉大的。上帝就是一名創造者，他創造了整個
世界，並因此獲得了一切榮耀、崇拜和信仰；

➤ 一切都是創造出來的。光、空氣、水、萬物，都是創造
出來的；

➤ 人的創造能力是無限的。上帝可以創造出整個世界，而
人類是按照上帝的形象和樣式造出來的；

➤ 創造面前沒有禁區。按照《聖經》的說法，上帝授權人
類支配和管理這個世界。

在傳統中國，隨著孔孟地位的不斷提升，人們的傳承意
識在不斷得到加強。

中國人相信，一切最美好的東西都保留在經典作品中，
今人只要繼承就可以了。此觀念似乎有點不可思議，然而，
它卻是來自於至聖先師孔子。孔子修《詩》、《書》，訂
《禮》、《樂》，序《周易》，看似有所為，其骨子裡卻自
認為是一名傳承者。孔子認為，傳統經典已經囊括了過去所
有最高、最美的智慧以及從古到今都普遍適用的一切。他不
相信中國的經典還需要有所增補。一切都盡善盡美，還想更
好，那是不可能的。有了這種認知，孔子覺得傳承經典本身
就已經足夠意義非凡，於是，他選擇了「述而不作，信而好
古」。同時，他也頗為自己的傳承者身分感到自豪和榮耀。

對錯與否暫且不提，孔子作為萬世師表，他的此番見解

得到了後人們的完美繼承。這便是中國人的傳承意識。傳承意識無疑是十分有意義的，但是，任何事情都怕過度。中國的傳承意識就是一種過度的意識，因為它凝結為一道起源觀的緊箍咒 ——「因循守舊」。

這一緊箍咒強調：傳承是最重要的，遠過於其他。這種慣性思維浸入到社會的各個領域後，就顯示出這樣一些典型反應：

➤ 經典是最高最美的智慧；

➤ 和經典相衝突的智慧屬於離經叛道，甚至大逆不道；

➤ 新事物若是尚能理解，那就屬於非正途，重要性不高；若是無法理解，那就屬於奇技淫巧，應該予以鄙視；

➤ 經典傳承者是最高尚的，因為他們代表的是人間正道。

美國傳教士明恩溥（Arthur Henderson Smith）在《西方人眼中的「中國」性格》中這樣寫道：「中國人比任何其他民族都更確實地相信，已經過去的時代才是他們的黃金時代。」這句話稱得上是中國人起源觀的完美詮釋。

「因循守舊」的形成，有兩個歷史關鍵人物不能不提。一個是唐玄宗李隆基。人們常以為唐玄宗天寶年間的安史之亂是唐朝由盛而衰的轉捩點，甚至有歷史學家用「安史之亂」將中國古代歷史一分為二，可見唐玄宗這一時間節點的關鍵性。然而，一場內戰果真就能夠改變一個文明的歷史走

向嗎？就連第一次、第二次世界大戰都沒有這麼大效果，「安史之亂」又怎會例外？那麼，使唐朝由盛而衰、讓中華文明轉向的真正原因何在呢？

我們知道，周公為儒學奠基人，是孔子最崇敬的古代聖人。相傳他制禮作樂，建立典章制度。因此，儒家學派奉周公、孔子為宗。歷代文廟也以周公為主祀，孔子等先賢為陪祀。但在唐開元時期，唐玄宗不能容忍周公秉政時期的擅權以及「周召共和」，下令取消周公文廟供奉的資格，改以孔子為主。從此，儒家不再祭奠自身的創造者，同時也失去了對自身學術起源及起源力量本身的崇拜。筆者認為，這才是改變唐代及後世中國歷史的決定性事件。

還有一個關鍵人物就是宋理宗趙昀。他在位期間，做了幾件驚天動地的大事情，其中之一就是將王安石從文廟中逐出。王安石和王安石變法，如今人們耳熟能詳。梁啟超稱王安石「三代下求完人，惟公庶足以當之矣」，極言王的偉大。王安石是配得上這樣的讚譽的。王創立新儒學「荊公新學」，將「新故相除」看做是自然界發展變化的規律，認定「天命不足畏，眾言不足從，祖宗之法不足用」。因此，王安石的變法有其深厚的哲學思想基礎，代表著一條與「因循守舊」截然不同的儒學方向 —— 創新。

然而，宋理宗將北宋滅亡的責任推在王安石變法的身上，並將王安石從文廟中逐出。自宋理宗取締王安石配享孔

廟後，荊公新學所遭受的抨擊之嚴厲，遠甚於對新法措施的否定。由於南宋理學家的大批判，以及理學在元明清的一尊地位，荊公新學徹底淪為異端邪說。自此儒家閉口不言創新，「因循守舊」由儒學的一大特徵，一舉變身為儒學的代名詞。

（表）「因循守舊」緊箍咒

	時代	關鍵人物	事件 ‖ 箴言 ‖ 著作
朦朧期	商 春秋	孔子	殷商貴族創造了一種「上帝」的觀念，認為它是上天和人間的最高主宰，也是商王朝的宗祖神。 商代是中國「祖宗崇拜」的源頭。 孔子：先人是殷商王朝的王室成員微子。故孔子承繼了商代的「祖宗崇拜」傳統。 《論語》：「述而不作，信而好古」 《中庸》：「仲尼祖述堯舜，憲章文武」
萌芽期	戰國	孟子	孟子：認為孔子的學說是承接堯、舜、禹、湯、周文王等先代聖王的，並且自命繼承了孔子思想的正統。 「傳承」意識開啟。 《孟子》：「欲為君，盡君道；欲為臣，盡臣道。二者皆法堯舜而已矣。」 「遵先王之法」
傳播期	唐	李隆基 韓愈	李隆基：取消周公文廟供奉的資格，改以孔子為主。 儒家失去對自身學術起源和起源本身的崇拜。 韓愈：正式提出關於道的傳授系統的論說「道統論」（〈原道〉），稱自己繼承了真正的孔孟之道，是儒學的正宗。

主流期	北宋	趙匡胤 趙光義 二程	趙氏兄弟：做出「與士大夫共治天下」的選擇。不同於漢代的獨尊學術，在宋代儒學是唯一學術。因而宋自然地繼承了原始儒學中的「因循守舊」。 程頤：認為孟子以後，儒家的道統就失傳了，直到程顥才接過這個傳統。（〈墓表〉）
教化期	南宋 元 明清	朱熹 趙昀	朱熹：道統論進一步發展完善。他認為儒家的道統是周敦頤和程氏兄弟上接孟子的，而自己又繼承了周敦頤和程氏兄弟的儒家道統。 「道統論」至此大成，「因循守舊」也發展到極致。 趙昀：將王安石從文廟中逐出。 自此「因循守舊」再無挑戰。

中華「傳承」之力

孔子是萬世師表，照亮萬古的聖人。對中國人而言，孔子的影響是無以倫比的，他的示範是不容懷疑的。因此，幾千年來，中國人都是循著孔子「因循」、「守舊」的路子在走，沒有一絲一毫的鬆動和改變。終於有一天，量變產生了質變，「因循守舊」緊箍咒由外到內，與中國人的身心合為一體。

「因循守舊」緊箍咒，就是中華文明在程朱理學的「傳承」起源觀下，於北宋時期形成的一種基本精神文化特徵。在它的影響下，中華文化形成兩大價值取向：其一、重視過去，輕視現在；其二、傾向保守，迴避開拓創造。

遙遠的王莽 and 身邊的新儒家

中國人認為，比起現在，過去我們所曾擁有的更好、更有價值、更加重要。

在中國，崇古觀念和儒家很有點同呼吸、共命運的意思。從遠一點說，春秋時代孔子的「祖述堯舜，憲章文武」、「信而好古」、「夢周公」等話語，應該就是該觀念在儒家表述的開端吧。自那裡往後，崇古觀念，在中國便開始了其「源遠流長」的偉大歷程。崇古觀念的形成和壯大，與儒家文化的影響絕對是密不可分的。

王莽，古代儒家第一人。

禪讓，自堯舜禹三代以來，一直都只是個美麗的政治傳說的禪讓，從未有人將其完整地付諸實施過 —— 王莽是第一個吃到的。

王莽還修築了明堂、辟雍和靈臺。據說，明堂是上古帝王宣揚政教的所在；辟雍則是上古帝王設立在京師的最高學府；而靈臺則是天子直接與天意交流的地方。這些飄渺的建築，一直以來僅存在於儒家經典著作中。這些傳說中的建築，都在王莽的手上變成了實物。

王莽根據《周禮》創制了終極榮譽「九錫之賞」。當王莽在一場盛大絢爛的儀式中，莊重地接受了傳說中的「九錫之賞」時，沒有人知道這場禮儀是不是合乎規矩，因為 600

年前的規矩早已失傳。

王莽政治理想也是純粹傳統儒家的終級願景：「市無二價，官無獄訟，邑無盜賊，野無飢民，道不拾遺，男女異路。」

王莽還勤於王事，立學校、制禮樂、定輿服，恢復井田和象刑。就儒家自身的評價標準而言，王莽做的可算是功德圓滿，無可挑剔。

在王莽的手上，儒家把崇古演繹到了登峰造極處。明明是王莽的問題，這裡為什麼要把儒家也一起拉上呢？在歷史上，儒家學者們對王莽的復古行動表現出了空前的熱忱和擁護。著名學者揚雄就頌揚王莽是堪比堯舜的偉大人物，周公之後當之無愧的「聖人」。揚雄的說法並非諛辭，而是當時大儒們的普遍意見。這些大儒包括：《春秋》權威左咸、《詩》權威滿昌、《易》權威國由、《書》權威唐昌、《禮》權威陳咸、《樂》權威崔發……話說這世上並沒有無緣無故的愛，之所以儒家如此支持，都是因為 ——「復古（禮）」正是儒家的核心觀念。換句話說，王莽所做的正是他們所想做的。

王莽的復古行動雖然失敗了。可是，只要儒家健在，崇古觀念就不曾離開過舞臺中心，人們對古代的推崇和熱情就不會稍減。即便是千百年後，即便是王安石、康有為這樣的政治人物，在自己從事的政治改革活動中，也不得不打

出「托古改制」的旗號，以爭奪民意支持。他們假設古人，如孔子（見康有為《孔子改制考》），也是像他們一樣想改革，只不過是被後人誤解了。好笑的是，其反對者用來抵制他們的大旗居然是「祖宗之法不可變」。在崇古觀念上，正反兩方實在是半斤八兩，頗有異曲同工之妙。

更有力的證明是近現代的新儒家。隨著西風東漸的愈演愈烈，為了挽救儒家的日益衰頹，新儒家們紛紛把髒水潑在漢儒和宋儒身上，說他們愚蠢地誤解了先哲們，特別是孔子的話語，又把原始儒家的一些教義重新包裝後推出，說的天花亂墜。然而，這些作為恰恰暴露了儒家自身核心理念上的問題，即他們永遠是崇古派。

儒家自誕生起就是崇古派，同時，它又一直都是中國文化的主流。這導致了中國人存在過度放大舊價值，嚴重忽視新價值的傾向。即便是今日，中國人想做點事情，都要去故紙堆裡尋找本土資源，因為在潛意識中人們認定：中國人最認可的還是老祖宗的東西。

被小看了的韓愈 and 少有人知的「道統論」

中國人傾向保守傳承，迴避開拓創造。

在世界上，英國人也是出了名的保守。然而，中國人和英國人的保守還不是一回事。中國的保守不但是一種觀念，還是一種學說。那就是「道統論」。

唐代安史之亂後，隨著強烈的中興願望，社會上儒學復興的思潮也開始湧起。其中，韓愈等人將這種思潮推向了高潮。韓愈最突出的主張就是重建儒家道統。他篤信儒學，以捍衛儒道自任。韓愈的儒道不是漢唐儒家的道，而是越過了西漢以後的經學直接復歸於孔孟。在〈原道〉和〈重答張籍書〉中，韓愈提出被後世程朱理學奉為圭臬的道統論。

韓愈的道統論主要有這樣幾個觀點：

➤ 儒家前後相繼，代代傳承，形成一個脈絡清晰、接續不斷的傳統，即「道統」；

➤ 儒學是正統，其他如佛道等均是異端；

➤ 孔子之道是儒學正統，獨尊的儒家之道，只有孟子「醇乎醇者」地繼承了孔子之道；

➤ 儒家道統斷絕已久，到我韓愈這裡，才又出來整頓儒學，重建道統。韓愈表露自己傳承儒道的決心：「使其道由愈而粗傳，雖滅死萬萬無恨。」

由「道統論」來看，中國人的保守比英國人要有水準，因為已經上升到了「道」的層次。就是說，如果你什麼新的開拓不為、什麼新的創造不做，非但不會有人指責，反而會受人尊敬，因為你「得道」了。相比之下，英國人雖然保守，相信僅憑保守聖人之言，他們絕無法得到這份道德快感。

　　到了明清兩代，隨著程朱理學一統天下，這種道德快感已經成為一種大眾消費品，因為人人都自命為傳承者。這個時候，人們就只好開始透過打擊和折磨那些傳承工作做的不太好的人，來繼續品嘗這種愉悅，罪名就是「離經叛道」。

　　這時候，再無人敢開拓、也沒人敢創造、因為誰都不能離開孔孟之道半步。從此，一切非孔孟正統的思想行為，無論正確與否，要想在中國取得一席之地都變得至為艱難。凡是思想開放、較少循規蹈矩、敢突破陳說定論的人們，終會為社會所不容。這種人的結局一般都很悲慘。就比如明代的李贄，終以「敢倡亂道，惑世誣民」之罪致死。

六百年，中華文明為何缺席人類創造發明的奧林匹克？

　　中國的幾大發明中，能把整個世界推向近代化的三大發明 —— 活字印刷術、火藥、羅盤，都出現於北宋仁宗時代。

　　西元 1041 至 1048 年的仁宗慶曆年間，布衣畢昇發明了「陶活字印刷術」，他是印刷工人出身，自然是無官無職的老百姓。正因為當時文化事業發達，有大量印書的需求，才促成了這如此重大發明。不久，山東農民王禎又發明了「木活字印刷術」，無錫布衣華燧又發明了「銅活字印刷術」。以後，活字印刷術傳入朝鮮、越南，15 世紀傳入歐洲，德國第一次用

活字印刷《聖經》是西元 1456 年，比畢昇時代晚了四百年。

　　火藥用為武器，首先記載於《武經總要》一書，這是由仁宗時代曾公亮、丁度等人編纂的。從此，世界就由冷兵器時代進入熱兵器時代。南宋的虞允文在採石磯大破金兵，就曾經使用過霹靂炮。

　　仁宗時代的進士沈括是個博學多才的大科學家，他對天文、曆法、物理、數學、醫學、音樂無不精通，而最重要的發明，則是用於航海的指南針。西元 1119 年，宋代朱彧在《萍州可談》一書中寫到，當時廣州的海船出海，遇到陰雨，就用指南針指示方向，這是個世界航海史上最早使用指南針的記載。沈括在《夢溪筆談》一書中說：根據他的計算結果，指南針所指的方向是朝南而微微偏東。他把指南針的偏向，叫做磁偏角。英國人到了 17 世紀才發現這種現象，比沈括時代遲了四百多年。

　　看到老祖宗的豐功偉業，中國人多半會再說上一句：「與此同時，西方文明還在中世紀黑暗中摸索呢。」這時候，如果身邊有位不懂禮貌的西方人，估計會一副崇敬的神情追問：「以後呢？想必中國會愈加了不起吧？」

　　眾所周知，再也沒有以後了。中華文明從人類創造發明的競賽中徹底消失了。不是掉隊了，而是乾脆地缺席了。如果說西方文明的轉捩點是在 13 世紀中葉的湯瑪斯·阿奎納[2] 時

2　湯瑪斯·阿奎納（Thomas Aquinas，約西元 1225 年～ 1274 年 3 月 7 日），中世

期，阿奎那神學被羅馬教皇認定為神學正宗。那麼，中華文明的轉捩點也出現在同一時間段，那就是南宋理宗[3]年間，程朱理學被欽定為官方意識形態。

「中華文明為何缺席人類創造發明的奧林匹克競賽？」—— 創造！程朱理學的傳承意識勝利了，中華民族的創造意識失敗了！

1990 年代，日本的高空墜落 VS 美國的王者歸來

創造是一種典型的人類自主行為。眾所周知，勞動決定了人與動物的根本區別。而勞動又可以劃分為兩大部分，創造性勞動和重複性勞動。必須要強調的是：創造性勞動才是決定人脫離動物的根本力量。人的勞動是有意識的具有創造性的活動；動物的行為則是無意識的、條件反射的活動。這一根本區別，就決定了人有不斷發展的前景。電燈電話、互聯網、電腦等等，都是人類的偉大創造，而人類正是透過這些創造物，才證實了自己「萬物之靈」的偉大和尊嚴。

自 1970 年代起，日本抓住兩次石油危機的契機，購買美國等國專利，實施「技術反轉」 —— 競爭的重心在於改善生產過程，而不是研究開發新產品。結果從 1980 年代以來，

紀經院哲學的哲學家和神學家。他把理性引進神學，認為人的理性是自然的，可以用理性來接觸和證實神學。

3　宋理宗趙昀（西元 1205 ~ 1264 年），是南宋的第五位皇帝，1224 至 1264 年在位。

日本的汽車、電子、電器打垮了美國的製造商。錄影機、傳真機是美國人發明的，鐳射唱盤是荷蘭人發明的，日本人卻是這些產品生產、銷售、利潤的龍頭老大，一時間日本經濟大有替代美國主宰世界經濟之勢。

在日本的刺激下，當時的雷根政府成立了以經濟學家、學者、科技顧問為成員的產業競爭力委員會。該委員會的研究發現：美國經濟已分成兩塊，一塊是傳統的，即汽車、鋼鐵、電器等等。另一塊是資訊產業，電腦晶片、軟體、網路、通訊、微電子等等。而拉動美國經濟增長的新增長點則來源於 5,000 多家企業構成的資訊產業。美國政府決定在決定未來競爭力的、被稱為知識經濟的七大產業 —— 微電子、生物科技、新材料、電信傳播、航空、機器人、電腦／軟體方面，投注巨大的研究發展費用。特別是電子資訊技術領域（知識經濟的核心產業），占美國企業投資的 45% 以上。

美國由專家組成的研究小組也從 8 個不同領域研究各國企業的發展，發現一個有趣的現象，美國企業將 2/3 的研究發展經費用於創新上，1/3 的經費用於生產過程的改善；日本的做法剛好相反，2/3 的經費用於生產過程的改善，1/3 的研究發展經費用於創新上。

1990 年代以後，美國經濟的持續經濟增長以及互聯網革命的爆發，與日本經濟的持續衰退形成了鮮明的對比。其中，美國的創新能力起到了至關重要的作用，是決勝的關鍵

因素。

　　創新的本質就是創造。創新絕不只是一個經濟上的概念，或者，只是一個政治上的概念。創新，它在文化上擁有自己的本源印記——創造。

　　創造是一種有意識的工作。這裡的「意識」就是「創造意識」。創造意識是人內在的一種自覺認知。它是在人類長期勞動中產生的，是人們對於創造性這一人類根本力量的認知。有人說：「只有創造的生靈才是生靈。」有人說：「我創造，所以我生存。」還有人說：「人從創造中找到自己。」無論正確與否，這些看法都是人們創造意識的展現。在前面日美兩強爭霸中，美國企業將 2/3 的研究發展經費用於創新上，而日本則將 1/3 的研究發展經費用於創新上，集中表現出了雙方創造意識上的差異。

　　創造意識來自於創造性勞動，反過來又指導和作用於創造性勞動。從個體角度來看，創造意識強烈的人，往往表現出一種創新精神，一種勇敢拋棄舊思想舊事物、創立新思想新事物的精神。例如，不滿足已有知識，不斷追求新知；不滿足現有的事物，根據實際需求或新的情況不斷進行改革和革新等等。創造性勞動，總是和這些人的名字緊密相關的。從文明角度來看，一個創造意識強烈的文明，相對於普通文明，則往往表現出幾個特徵：一、擁有創新精神的人多；二、創造發明的數量、品質和分布具有明顯優勢；三、人們

對創新者、創造者、以及創造發明持有更正面的看法。前面提到，美日兩國在創造意識上存在著不小差異，那麼，反映到創造性，會有多麼大的影響呢？調查結果表明，當時在世界上領先的 50 項高技術中，美國占了 44 項，日本僅 1 項。

「日本的高空墜落和美國的王者歸來」向我們昭示：創造意識不僅可以提升人們創造的自覺性，還可以提升人們探索世界和改變世界的能力。

戴著聖賢面具的老鼠 and 人類學研究的奇物

「因循守舊」的存在，使得中國人有意無意地在逃避創造。因為人們沒有創造的熱情，春秋戰國以後，中國就沒有真正堪稱思想家的人物，就沒有超越於儒家思想以外、以上的新思想。傳統中國的知識階層幾乎都是在孔子所畫定的「古」的籬笆裡跑馬，在「五經」、「四書」中討生活，對這些儒家經典中的每一句話，每一個詞，每一個字津津計較、品頭論足。每一種經書，都是注家蜂起。就拿《論語》來說，據說歷代為其作注釋的，竟高達三千餘種，這還不包括近現代。

「因循守舊」，讓創造的缺席在中國成為了必然和現實。然而，這還只是表像。中國人對創造的迴避，一開始可能是有意為之，到了後來，這種態度和意識經過時間的沖刷，便慢慢沉澱了下來，逐漸演變成一種集體無意識，一種文化思

維特徵，牢牢地銘刻在中國人的集體人格當中。事實上，「因循守舊」禁錮了中國人的創造意識。

康乾盛世是中國古代最繁盛的時期，距今約 300 多年。而如今，即便中國人口比那時翻了幾倍，可是普通人的真實收入不但沒有降低，反而也成倍的增長，甚至還有成千上萬人的財富遠超過乾隆皇帝所能支配的財富。更加值得一提的是，當下人們的生活品質是那時候想都無法想像的。

中國社會在數千年間一直是一個循環往復的詭異週期，在欲望面前，資源永遠會率先崩潰。然而，近兩百年間，中國人從康乾盛世那種相當原始的社會狀態，突然走入到過去連想都無法想像的當今世界，徹底地打破了這一循環。我們可以說這是中國人自己奮鬥的結果，然而，若是沒有這數百年來無數的偉大創造，這一切可能發生嗎？—— 追根究柢，是創造打破了中國的週期。

創造應該是一個褒義詞，創造者應該是受人尊敬的。創造者是敢為天下先的人，是起源力量的掌控者，這是他們的獨特之處，也是他們的價值所在。然而，「因循守舊」緊箍咒下，創造卻是一個見不得陽光的詞，必須打著復古的招牌出現；創造者即便不是過街的老鼠，也需要帶著古代聖賢的面具走路。由於中國人好古崇古，若想為人所接受，若想吸動人追隨，就必須否認自己是一個創造者，或是打著傳承者的旗號，或是乾脆將自己打扮成一個傳承者。可如此一來，

創造的獨特而又偉大的價值又怎麼會為人們所發現、認同和接受呢？

「因循守舊」緊箍咒下，人們認為，適應現在，比起改變它們，總是一個更明智的選擇。千百年下來，中國收穫了這種思維的豐碩果實：適應力進化為忍耐力。它使得國人獲得了「忍耐」這一高貴品質：它是一種長期忍受而不抱怨、不生氣、沒有不滿情緒的行為和品質；它又是一種默默承受一切苦難的能力和行為；當然，它還是「堅韌」的同義詞。19 世紀，外國傳教士來到中國。當災難接踵而至的時候，中國人所展現的忍耐力，給他們留下了極為深刻的印象。傳教士這樣寫道：即便中國人期待著蒼天有眼，但是他們知道：苦難是永遠不可避免的。殊不知，這些苦難之所以不可避免，正是來自於國人自己的「明智」選擇 —— 適應現在。而適應現在，就意味著 —— 拒絕創造。

選擇決定成敗、選擇決定命運，選擇決定未來。當中國人選擇了「因循守舊」之後，創造的成敗、命運和未來也就注定了。因為，人們在面對創造的挑戰時，做出了合乎傳統的選擇：在繼承和發揚之間，選擇了繼承；在維護和創新之間，選擇了維護；在拾遺補缺和獨樹一幟之間，選擇了拾遺補缺。

傳承意識是必須的，因為沒有傳承，怎會有創造？傳承意識也是有功的。從西漢初年到晚清，即便經過了兩千

多年的漫長歲月，儒家經典還是完美地傳承下來了。這裡有「因循守舊」的功勞。中華文明能夠頑強地延續數千年，說不得要承認「因循守舊」的貢獻。然而，這兩千多年中，中國人的必讀書目，竟然只有儒家的四書五經，區區幾種。孔子曰：「學而時習之，不亦說乎？」對於儒家經典，人們「學」得夠認真的了，「習」得夠長久的了，可是我們真的喜悅嗎？

第三章 「因循守舊」—起源觀的咒語

第四章

「天人合一」——人生觀的咒語

　　當蘋果公司創始人賈伯斯（Steve Jobs）去世。一時間，似乎人們的話題全都集中到了賈伯斯身上。

　　有位朋友問：「賈伯斯對你有什麼影響嗎？」

　　「似乎他說的很多話，對我都有所觸動。」

　　又問：「哪一句話觸動最大呢？」

　　我陷入了沉思，數日無法解脫。

▌人生觀的決斷：順天 or 逆天？

　　小說《鋼鐵是怎樣煉成的》（*How the Steel Was Tempered*）的主角保爾·柯察金（Pavel Korchagin）這樣說道：「人最寶貴的東西是生命。生命對每個人來講只有一次。一個人的生命應該這樣度過：當他回首往事時，不會因虛度年華而悔恨，也不會因碌碌無為而羞恥。在臨死的時候，他能夠說：我的整個生命和全部精力，都已獻給了世界上最壯麗的事業──為人類的解放事業而鬥爭。」

　　中國的富人越來越多，「保爾」卻幾乎絕跡了。人們看到的是：一些人有錢了之後，首先想到的是換房換車，還有人想到的是換老婆。如果你去問他們：下一步要追求什麼呢？也許你得不到正面的回答，但是他們的行動會告訴你：下一步的追求是更好的房子和車，還有更多的老婆。或許他們來世間一趟，就是為房子車子老婆。

　　「難道我們生而為人，就是為了這個？」許多人對富人們的答案表示不滿。然而，對於自身的人生意義，卻沒有幾個人真有本事廓清。對於人生意義的看法，除了保爾那個版本，在這世上的確還有許多種，太多的選擇讓人們無所適從。這種情況在筆者身上也延續了很久，直到讀到賈伯斯的這句話：「活著就是為了改變世界，難道還有其他原因嗎？」它使我擺脫了中國史書中那些榜樣的影響，「忠臣良將孝子賢孫」等等徹底失去了魅力，因為他們根本不曾改變世界。接下來怎麼辦呢？當然是找自己的途徑，改變世界的途徑啦。借用賈伯斯的話來說：「如果你現在還沒有找到，那麼繼續找、不要停下來，只要全心全意的去找，在你找到的時候，你的心會告訴你的。就像任何真誠的關係，隨著歲月的流逝只會越來越緊密。所以繼續找，直到你找到它，不要停下來！」人活著就是為了改變世界。不是在改變世界，就是在去改變世界的路上。

　　這裡我們講了許多，其實說的都是一件事：人生觀。

　　詹姆斯‧卡麥隆（James Cameron），好萊塢著名電影導演。他也曾不清楚自己該做些什麼、將來要向什麼方向發展。中學畢業以後，他就從大學輟學，跑出校園闖蕩社會。他做過機械修理工，甚至替別人開大卡車。直到 1977 年，當詹姆斯‧卡麥隆看到了喬治‧盧卡斯（George Lucas）的經典科幻影片《星際大戰》（Star Wars）時，他才激動地意識到

這就是他想要的東西。從此他確立了自己的人生方向並走上了導演之路。後來，他導演了史上最賣座的兩部電影《鐵達尼號》（*Titanic*）和《阿凡達》（*Avatar*）。

　　文藝復興時期義大利偉大的哲學家、科學家以及思想家布魯諾（Giordano Bruno），從小由神父養大，15 歲就當上了修道士。然而，一接觸到哥白尼（Nicolaus Copernicus）的《天體運行論》（*De Revolutionibus Orbium Coelestium*），布魯諾就立刻燃起了火一般的熱情。從此便摒棄宗教思想，只承認科學真理，並為之奮鬥終身。他以超人的預見提出了宇宙無限的思想，認為宇宙是統一的、物質的、無限的和永恆的，大大豐富和發展了「哥白尼學說」。布魯諾的卓越思想使與他同時代的人感到茫然，為之驚愕。甚至連那個時代被尊為「天空立法者」的天文學家克卜勒（Johannes Kepler），在閱讀布魯諾的著作時也感到一陣陣頭暈目眩。

　　所謂「人生觀」，就是人們對於自身存在意義的認知。這個問題很重要。對於任何一個人來說，問題的答案就是「我活著的意義」，這個答案能決定或是改變他的人生軌跡。就比如詹姆斯·卡麥隆。看了《星際大戰》之後，卡麥隆發現了自己人生的意義，從而決定了自己日後的人生軌跡。對於一個文明而言，這個問題也很重要，該問題的答案就是「人存在的意義」，它能決定或是改變文明的發展軌跡。而布魯諾人生觀的劇變，不但改變了自己，還改變了西方文明的

發展軌跡。

　　人生觀是深植於人們頭腦中的，對於社會人的個體和集體，其生存和成長意義相關問題的認知。但是，這種認知很難說是先天的，後天的影響似乎有著更重要的作用。從前面兩個例子可以看出，人生觀深受後天人文教化的影響和局限。就彷彿在 19 世紀，中國人無不驚訝西方人的人生觀：人生苦短，為何這幫洋人不學聖人大道，卻在一些雕蟲小技、奇技淫巧上耗費一生？而西方人則會無法理解中國人的人生觀：人生苦短，為何這些中國人會在千年前的幾部古書身上耗費一生，會為一場場科舉考試用盡精血？兩大人群之間如此巨大的差異，斷不能用先天的個體差異來彌補。我們有理由相信，這完全是後天的不同人文教化作用下的產物。偉大的牛頓若是出生在古代中國，也不過是進京趕考的舉子中的一員罷了。

　　說到這裡，也許人們會好奇：在人生觀上，東西方之間到底有什麼不同呢？中國有個古老的寓言故事：

　　「買櫝還珠」。

　　一個人要賣手上的珍珠。珍珠很不錯，但是為了賣更高的價錢，他為珍珠做了一個非常華貴的包裝盒。在市場上，華貴的包裝盒贏得了不少人的目光。很快，珍珠很快被人高價買走了。正當這個人得意時，顧客卻跑回來把珍珠還給了他。原來顧客誤把盒子當成了被賣的東西，珍珠反倒成了裝飾。

　　回到人生觀話題上來，西方人的人生觀雖然千奇百怪，但是有一個基本前提，那就是：人是那顆珍珠，是求售物；世界是那個包裝盒，是裝飾品；人比世界要貴重。然而對於中國人來說：人就是一顆無足輕重的珍珠，是裝飾品；世界則是那個華麗的盒子，是求售物；和人相比，世界要貴重得多。東西方在人生觀上的根本差異，就展現在天人關係上，就展現在：人和天，到底誰是客、誰是主？顯而易見，西方人認為人是主，是逆天的，而中國人認為天是主，是順天的。

　　話說上帝突然記起曾經創造過世界。便叫耶穌過來：兒啊。我創造了世界，並照著我的形象，按著我的樣式創造了人。你去看看，現在人在做什麼？

　　耶穌去轉了一圈，回來報告說：「現在人分成了兩派。一派在世界的西部；一派在世界的東部。西部的人認為世界是您造的，並認為自己是按照您的樣式創造的，是世界萬物之靈，有權處置那個世界的一切。」

　　「東部的人呢？」

　　「東部的人不記得您了。他們認為所居住的世界就是一切意義的本源。所以他們做事講究要順從那個世界，追求的是領悟世界的道理，並盡可能地與其保持一致。」

　　人生觀的重要性無人不知無人不曉。在認知上，它決定了人們是如何看待自身的存在意義、如何看待自身的發展方

向以及人生的終極目標。在實踐上，它決定了人們會去做什麼，怎麼去做，以及做到何種程度。相比之下，天人關係似乎是一個比較遙遠的話題，除了學哲學的，很少有人留意。然而，對於人生觀來說，它卻有著超乎我們想像的重大意義。如果說，人生觀是一個可以影響人一生一世的意義系統，那麼，人們對天人關係的認知似乎是一個可以決定文明存亡盛衰的價值觀念，因為在某種程度上，它決定了每個人的人生觀。

▎天人之際，合而為一

從人生角度考慮，一件事情有意義，另一件事情沒有意義，這兩者之中，你會選擇做哪件事？相信我們都會選擇做有意義的那件事。那麼，如果許多有意義的事情擺在你的面前，你會選擇先做哪件事或哪些事？相信我們都會選擇最有意義的那件事，或者意義排名在前的那些事。我們都相信：這樣的選擇沒有錯。同時，這也說明了一個道理：「意義」這個詞具體如何定義，對個人對社會的影響都是非同小可的。

那麼，傳統中國人會怎麼做事呢？他們按照聖人教導去做事。他們會去做聖人認為有意義的事情，而且會先去做被聖人認為是最有意義的事情。而在中國聖人眼中，「天人合一」最有意義。

中國人的最高理想，就是實現「天人合一」

說起中國人的人生觀，最重要的典籍就是《易經》。《易經》也稱《易》、《周易》，列儒家經典之首，被歷代儒家尊為「群經之首，大道之源」。也是儒家四書五經之一。它不但是最早的文明典籍，同時也對中國的道教、儒家、哲學、民俗文化等產生了重要影響。以前的人們對自然與人生變幻規律的認知模式，從沒有超越《易經》的思維框架。

關於人的生存意義，《易經》中做了許多表述，如「天行健，君子以自強不息」，意思就是：天的運動剛強勁健，相應地，君子處世，也應像天一樣，自我力求進步，剛毅堅卓，發憤圖強，永不停息。還有諸如「生生之謂易」、「富有之謂大業，日新之謂盛德」等等，表現出一種積極有為的思想特色。這在後世儒家的積極入世行為上得到了突出的展現。

但是，我們必須要認清一個事實：《易經》的這種剛健有為，自強不息的思想，這種發揮主體精神的思想，是在「天人合一」的境界追求中實現的。所謂「易」，是指向「天人合一」境界的。「窮理盡性而至於天命」的追求過程，似乎是積極主動、似乎是具有探索精神的，然而，其所追求的最高境界，不過是「順天體命」（《易‧大有‧象辭》）、「樂天知命」（《易‧繫辭上》）。那麼，人的終極價值的實現，

人生的意義，也還不過「順天命」而已。在人與天，人與這個世界的關係中，人是相當被動的。

中國人的人生歷程，就是追求「天人合一」的歷程

傳統中國文人的理想人生，就是追求「天人合一」的一生。作為萬世師表的孔子，就曾經如此自述其人生歷程：「吾十有五而志於學，三十而立，四十而不惑，五十而知天命，六十而耳順，七十從心所欲不逾矩」。這樣的一個歷程，其實就是一個生命的成長過程，被後世中國人奉為圭臬的生命歷程。這一人生歷程，大體可以如下解釋：

到了十五歲，就能夠「志於學」。這裡的「學」絕不是指某個技能。不能說「我十五歲開始有志於學英語」，說不通。這裡的「學」是通向「道」的。說是「志於學」，實則「志於道」。人生就是從這裡啟動的。

「三十而立」，是指人的生命的自立。有自己的獨立見解，有生命獨立的價值，就是「立」。這是說人的生命已能進入到自己能夠左右的階段，或者通俗地講：在社會上有所成就。

所謂「四十而不惑」指的是人的生命已能把握事物當然之理，不再為外在誘惑所扯動。生命到了這一階段，人就可以堅持走自己的道路了。

「五十而知天命」是說生命已經能夠知道自己的能力極限，知道自己能夠做到那種程度。如果人生觀可以簡單地表述為：「生而為人，你幹什麼來了？」那麼，這個時候你已經知道自己是來幹什麼的了。這一點有多重要？孔子說：「不知命，無以為君子也。」將「知命」（即「知天命」）與否上升到是否當得起君子的高度，可見天命問題在孔子眼中該有多麼重要。

所謂「六十而耳順」指的是生命之確定性已逐漸融化而成為一圓融境界。表現出來就是順天命，也就是「事天」。通俗地講：按照天命行事。

「七十從心所欲不逾矩」是孔子一生中自詡所達到的最高境界。指的是說本心即是天理，順此本心就是合於天理，這也就是「率性之謂道」。在此階段，孔子達到了隨心所欲而又不違背法度（即「天命」）的心靈自由階段。人們常常把這一階段認證為「天人合一」的境界。

孔子的這種人生歷程是偉大而且可敬的。但是，上面的講述也說明了一點：在追求人生的意義的過程中，每個里程碑都是由「天命」所定義的。也就是說，標準是由天制定的。與其說是人在努力追求和探索，不如說人在不斷地迎合與接近天。即便你做到了「從心所欲不逾矩」，那也不過是符合了天的標準。天從未改變過，你也從未試圖改變過天。

中國人的理想社會，就是人人「天人合一」的社會

　　傳統中國人心目中的理想社會，是「天人合一」的社會。儒家是積極入世的。他們並沒有滿足於自身的修行，並沒有等到自身達成「天人合一」的完滿境界才走向社會，而是將自身修行和社會實踐連繫在一起。《禮記》中說：「古之欲明明德於天下者，先治其國；欲治其國者，先齊其家；欲齊其家者，先修其身；欲修其身者，先正其心；……心正而後身修，身修而後家齊，家齊而後國治，國治而後天下平。」大意就是：古代那些要使美德彰明於天下的人，要先治理好他的國家；要治理好國家的人，要先整頓好自己的家；要整頓好家的人，要先進行自我修養；要進行自我修養的人，要先端正他的心……心端正了，然後自我修養完善；自我修養完善了，然後家庭整頓有序；家庭整頓好了，然後國家安定繁榮；國家安定繁榮了，然後天下平定。這便是後世經常說的：「正心、修身、齊家、治國、平天下。」以自我完善為基礎，藉由治理家庭，直到平定天下，如是個人修行和社會實踐的相結合，構成了幾千年來無數儒家弟子所尊崇的人生信條。

　　自身內在的「天人合一」和外在的「平天下」是傳統中國知識份子心目中的兩大人生終極目標。實話說，他們的精神是值得欽佩的，因為這兩大目標都太困難了。前面的目標

似乎只有堯舜、周公、孔子等屈指可數的聖人們實現了。後一個目標就更難了，就連孔子也沒有做到。如果將前者的難度比喻成螳臂擋車的話，後者幾乎可以與螞蟻撼泰山相提並論了。那麼，「平天下」究竟要達到怎樣的狀態呢？

孟子曾說：「人皆可以為堯舜」。即每個人都可以成為堯舜那樣的聖人。孟子認為，一個普通人如果要成為堯，成為舜，成為賢，成為聖，關鍵是要去「做」，若能事事處處都按照堯舜的思想、言行去做，自己不也就成為堯舜了嗎？當然，孟子並不是要求每個人都要達到「從心所欲不逾矩」的至高境界，大致上只要人們都朝著這個方向去做去努力就可以了。明代鴻儒王陽明的「滿街皆聖人」說，後人的「六億神州盡舜堯」說，取的也都是這層意思。簡而言之，中國人的理想社會，儒家弟子「平天下」所要抵達的彼岸，就是一個人人都追求「天人合一」的社會。

總之，中國人認定：一切人事均應順乎自然規律，達到人與自然的和諧。順天，即順應自然規律，就是有意義；逆天，即試圖掌握、利用、改變甚至制定自然規律，就是無意義；而最有意義的人事，莫過於和自然規律總能保持一致，即所謂「從心所欲而不逾矩」。這便是中國文化的「天人合一」緊箍咒。中國人的人生觀便是從該緊箍咒中生發出來的。

（表）「天人合一」緊箍咒

	時代	關鍵人物	事件 ‖ 箴言 ‖ 著作
朦朧期	西周春秋	周文王、周公諸子百家	西周時用「天」代替了「上帝」，周王被賦予了「天子」的稱呼，認為天子的權力是神給的，天子代表神在人間行使權力，管理人民。 這是「天人關係」的源頭。 《周易》：自西周時起，人們開始將天象和人事連繫在一起，並以陰陽五行的形式框架流傳。 諸子百家：由於周王朝的影響，諸子百家對「天人關係」都有所涉及，但相對零散和淺顯。
萌芽期	西漢	董仲舒	董仲舒：提出「天人感應」理論。 「天人合一」意識開啟。 「天人之際，合而為一」（《春秋繁露》） 「道之大原出於天，天不變，道亦不變。」（《漢書·董仲舒傳》）
傳播期	西漢	劉徹董仲舒	《漢書·董仲舒傳》：漢武帝問：「朕欲聞大道之要，至論之極。」董仲舒連上三篇策論作答，因首篇專談「天人關係」，故史稱「天人三策」。（或《賢良對策》）
主流期	漢北宋	劉徹張載	劉徹：「罷黜百家，獨尊儒術」。 「天人合一」成為官方意識形態。 張載：正式提出了「天人合一」命題。 並將「天人合一」和「成聖」連繫在一起，使其人生目標化。 「儒者則因明致誠，故天人合一，致學而可以成聖，得天而未始遺人」。

| 教化期 | 宋元明清 | 朱熹趙昀王陽明 | 朱熹：「天人合一」合於「理」。「去人欲，存天理」，方能「天人合一」。
開創「天人合一」的「理」學道路。
「天人一理」、「天地萬物一體」、「去人欲，存天理」
趙昀：宋理宗嘉熙年間，《四書集注》被指定為科舉考試教材。
「天人合一」從君王政治理論走向儒者個體的實踐；
王陽明：「天人合一」合於人心之「良知」。知行合一，致良知，方能「天人合一」。
開創「天人合一」的「心」學道路。「天人合一」從儒者個體的理論及實踐走向社會個體的理論及實踐。
「萬物一體」、「天下一家」。 |

中華「順天」之力

「天人合一」緊箍咒，就是中華文明在儒家的「順天」人生觀下，於北宋時期形成的一種基本精神文化特徵。在它的影響下，中華文化形成兩大價值取向：其一、重視適應，輕視改變；其二、重視和諧穩定，輕視矛盾鬥爭。

盡廢新法：司馬光「砸缸」決斷

中國人認為，適應已有的東西，比起改變它們，是一個更明智的選擇。即，重視適應，輕視改變。

「天人合一」之下，最有意義的人事，莫過於和自然規律總能保持一致。天人之間的神祕應和，使得「天」上的自然規律都會表現在「人」事上的。這就使得現存的「人」事，比如秩序規則道路，具有天然的合理性和不可違逆性。已有的固然有問題，可若是改變已有的，就意味著逆天，就是乖離了天道，將會帶來更多更大的問題。因此，現存的就是合理的，最好是保持不變。這便是強大的「適應」觀念。

北宋中葉，「三冗」問題，即冗費冗官冗兵，導致政府財政支出增加，北宋政府還要給西夏和遼「歲幣」，與此同時由於土地兼併現象嚴重，富豪隱瞞土地，導致財政收入銳減，因而造成了北宋政府的財政危機。

宋神宗即位後，立志革新，召「負天下大名三十餘年」的王安石入京，用為參知政事，要倚靠他來變法立制，富國強兵，改變積貧積弱的現狀。由此在中國歷史上影響深遠的王安石變法，便大張旗鼓地開辦。從熙寧二年到熙寧九年（西元 1076 年）的 8 年內，圍繞富國強兵這一目標，陸續實行了均輸、青苗、農田水利、募役、市易、免行、方田均稅、將兵、保甲、保馬等新法。

各項新法或多或少地觸犯了中上級官員、皇室、豪強和高利貸者的利益。因此，在每一項新法的推行過程當中，遂無例外地都遭受到他們的阻撓和反對。到宋神宗逝世之後，以司馬光為首的守舊派掌握了政權，此前的新法全被廢罷。

司馬光的盡廢新法，著實令人驚訝。新法固然存在問題，莫非舊法就沒有問題嗎？某非「三冗」問題已經消失了嗎？莫非財政問題已經解決了嗎？這種問題明明存在，卻將自己的腦袋鑽到沙堆裡裝作沒看見的「鴕鳥」心態，真是明智的嗎？這其中，只怕還是司馬光自身強大的「適應」觀念在作祟。

中國人「適應」觀念的強大，遠遠超出我們所能想像的地步。就比如中國的科舉制度。從〈范進中舉〉、〈孔乙己〉，到〈琵琶記〉、〈秦香蓮〉，科舉制度的荒唐陰暗一面，世人非常清楚。可即便弊端重重、問題百出，科舉制度依然延續了一千三百年之久。又比如，筆墨紙硯被稱為「文房四寶」，一直是中國人的驕傲。但是，這四件必不可少的東西，沒有一件是可以隨身攜帶的。當要用的時候，根本不能保證它們就能在手邊；就算這四件齊備了，沒有水來研墨，還是無濟於事；在冬天使用時研墨很困難、墨蹟也不易乾。然而，文房四寶在使用中的諸多缺陷，國人竟似從未意識到。為什麼人們會視而不見，千百年也提不出一套解決辦法呢？司馬光的決斷，絕不是偶然現象，也不僅僅是司馬光的個人判斷，而是基於全體中國人「適應」觀念的一次決斷。

「適應」絕不是一件壞事。從各種角度來看，它往往都是代價最低、危險係數最小的一種選擇。然而，「適應」永遠帶不來真正意義上的進步。

中流擊水：乾隆的「和諧」施政

中國人樂於看到和諧穩定，不願面對矛盾鬥爭。更準確地說，中國人認為，矛盾鬥爭是手段性的東西，和諧穩定卻是目標性的東西。

「天不變，道亦不變」，可見不變是美的、穩定是美的。這種美就是和諧之美。這種和諧之美有著「天」、「道」的原型，也就具備了至高無上的終極意義。因此，只要是順天，那麼萬事好說，大家和和氣氣，大事化小小事化無，豈不美哉；然而，若是逆天，那麼就是破壞和諧之美，中國人必除之而後快。這便是中國人強大的「和諧」觀念，即所謂「順天者昌，逆天者亡」。

然而，限於古人的知識水準，人們並不能真正分清到底什麼是順天、什麼是逆天，和諧的判斷標準究竟為何？於是，在潛意識中人們似乎認定：不變是和諧的，穩定是和諧的，還有，聖人所言也是和諧的，因為聖人是天人合一的。一個簡單而且實用的標準，不是嗎？

康熙十九年（西元 1680 年），發生了朱方旦中補說案。

朱方旦是個名醫，他發現了「腦」才是思想中樞，而不是傳統醫學認定的「心」，「古號為聖賢者，安知中道？中道在我山根之上，兩眉之間」。此說一發表，引起醫學界極大的震撼，群起撻伐，最後他以「詭立邪說，煽惑愚民」罪

121

名處斬，所有著作一律焚毀。他還有不少醫學著作，如《中質祕錄》，在這部書中會有多少超越西方醫學的發現，也已經無從得知。

康熙帝利主一定要斬首。當時征吳三桂有功的順承郡王勒爾錦十分尊敬朱方旦，因此極力營救，康熙帝便先革了勒爾錦，再下詔殺死朱方旦。

朱方旦不反朝廷，不反皇帝，說的事情也並不離譜，至少是可以驗證的，為何一定要殺呢？因為他引發了人們的思考，顛覆了聖賢，破壞了千百年來醫學界的和諧局面。

我們知道，雖然爺爺康熙已經知道地球是圓的，知道世界上有五大洲，知道有人環繞過地球，雖然西方傳教士已經向他介紹了日心說，雖然英國使團給他帶來了天體運行儀、地球儀、天文望遠鏡、巨型戰艦「君王」號艦艇模型，甚至還有熱氣球，然而，面對世界大勢的變化，乾隆皇帝卻是這樣作為的：

他透過軟硬兼施的手段，杜絕了皇族、外戚干政的可能，使他們只能老老實實安享俸祿，不敢亂說亂動一下。他以高明的權術和超常的政治恐怖把大臣們牢牢控制在自己的股掌之間，以確保君主的意志在任何時候，任何領域都暢通無阻。

對敢反抗的「刁民」，他的態度是鎮壓。在他眼中，皇帝、官員和百姓，是父親、兒子和孫子的關係。不管父親如

何虐待兒子，兒子也不許有絲毫反抗。因此，老百姓無論被貪官汙吏如何壓榨剝削，走投無路，也只能聽天由命，不得「越級上訪」。對於群眾聚眾抗議，維護自己的權利，他總是視如大敵，一再強調要「嚴加處置」，甚至「不分首從，即行正法」。

對於知識份子，他更如臨大敵。他以超級恐怖為手段，掃除一切可能危及統治的思想萌芽。乾隆年間僅大宗文字獄就出現了一百三十件。三十餘年的文字獄運動，如同把整個社會放入一個高壓鍋裡進行滅菌處理，完成了從外到裡的全面清潔，消滅了一切異端思想萌芽的完美局面，打造了一個他自認為萬代無虞的鐵打江山。

我們應該如何評價乾隆的施政呢？中國人將他的時代稱為「盛世」，無數文字聲像懷戀著那個時代，無數年輕婦女夢想著穿越到那個時代給他當妃子。在乾隆死去兩百多年後，仍然有人歌頌乾隆盛世的穩定和偉大，研究揣摩乾隆治術的高深。許多人仍堅定地認為，只有乾隆的風格和方法才適合這片土地。

為什麼乾隆會得到如此高的評價？——乾隆時代是和諧的。乾隆和他的時代符合中國人對於和諧的一切定義和想像。

海邊玩耍的康熙，為何既未發現大海，也未撿到貝殼？

大清皇帝康熙，儼然是中國「史上最熱愛科學的帝王」。

康熙皇帝對西學的了解和掌握程度令人瞠目：從天文地理，到物理、化學，甚至高等數學、西洋音樂，他全都學過，而且學得還不錯。誰能想像得到，三百多年前，當絕大多數中國人連地球的概念都還不知道時，他們的皇上已在紫禁城的深宮內開平方根？

康熙的開明和好學，有他身邊的「國際友人」的不少記載可為佐證。據傳教士洪若翰（Jean de Fontaney）的信件所述，康熙「自己選擇了數學、歐幾里得（Euclid）幾何基礎、實用幾何學和哲學」進行學習，「教士們為皇帝講解，皇帝很容易就聽懂他們給他上的課，越來越讚賞我們的科學很實用，他的學習熱情愈益高漲。他去離北京兩法裡的暢春園時也不中斷課程，教士們只得不管天氣如何每天都去那裡」。他們上完課走後，「皇帝也不空閒，複習剛聽的課。他重看那些圖解，還叫來幾個皇子，自己講解給他們聽。如果對學的東西還有不清楚的地方，他就不肯甘休，直到搞懂為止」。

康熙皇帝不但注重書本知識，而且注重實踐。法國傳教士白晉（Joachim Bouvet）作為康熙的老師，詳細記述了康熙熱情高漲、學以致用：「他有時用四分象限儀觀測太陽子午線

的高度，有時用天文環測定時刻，然後從這些觀察中推測出當地極點的高度；有時計算一座寶塔，一個山峰的高度；有時測量兩個地點間的距離。另外，他經常讓人攜帶著日晷，並透過親自計算，在日晷上找出某日正午日晷針影子的長度。皇帝計算的結果和經常跟隨他旅行的張誠（Jean-François Gerbillon）教士所觀察的結果，往往非常一致，使滿朝大臣驚嘆不已。

康熙皇帝對西學的鑽研和興趣是全方位的。他在宮中設立實驗室，試製藥品，學會了種痘（即天花疫苗的原型），在他的子女和宮女們身上實驗後，效果很好，立即推廣到蒙古。為了解人體解剖學的知識，他還親自解剖了一隻冬眠的熊。在黃河、淮河、運河交口的大堤上，他指著東流的河水，耐心地向當地負責管理水利的官員講解如何計算水的流量。他甚至還在中南海豐澤園內試驗起了雜交水稻！

康熙當政的時期，西方器物紛紛傳入中國，成了皇室和貴族中的時髦，一時間出現了西學、西藝盛行的局面。康熙對他的洋教師們可謂恩寵備至。在宮廷撥給他們專門的房間，提供一切必需品，甚至在外出巡視時，康熙也常常帶上教士，同住一頂帳篷，同吃一桌飯菜，解衣推食，不嫌瑣屑。西元 1692 年，康熙在國內頒布了對天主教的解禁令，鼓勵更多的傳教士來華。西元 1693 年，康熙皇帝又特地派遣傳教士白晉回法國，帶去了禮品給法王路易十四（Louis

XIV de France），並且進一步表示，希望招聘更多的傳教士來華工作。這段「蜜月」期中，西洋傳教士們如魚得水，欣喜若狂，滿以為透過西學的吸引力可以順利推進他們偉大的傳教事業。南懷仁（Ferdinand Verbiest）於康熙二十二年（西元 1683 年）曾經上書羅馬教廷，請求速遣傳教士來華：「凡是擅長於天文、光學、力學等物質科學的耶穌會士，中國無不歡迎，康熙皇帝所給予的優厚待遇，是諸侯們也得不到的⋯⋯」

康熙對西學的滿腔熱情，不僅在中國宮廷掀起一股空前的熱潮，在西方也不脛而走，引起很多人關注。西元 1697 年，德國的著名思想家萊布尼茲（Gottfried Wilhelm Leibniz）驚嘆道：「我認為，康熙帝一個人比他所有的臣僚都更具遠見卓識。我之所以視他為英明的偉人，因為他把歐洲的東西與中國的東西結合起來了⋯⋯他以其廣博的知識和先見之明遠遠地超過所有漢人和滿人，彷彿在埃及金字塔上又添加了一層歐洲的塔樓。」

讀到這裡，人們不覺驚訝，康熙果真如這些洋人所評價的那樣神奇嗎？如果人們的評價準確無誤的話，「遠見卓識」的康熙完全可以採取一些變革行動，比如建立和擴大海軍；鼓勵興辦工廠；建立科學院；推行學校教育和西學；派使者去西方訪問等等，然而我們知道，這一切並沒有發生。

牛頓說：「我不過就像是一個在海濱玩耍的小孩，為不時

發現比尋常更為光滑的一塊卵石或比尋常更為美麗的一片貝殼而沾沾自喜，而對於展現在我面前的浩瀚的真理的海洋，卻全然沒有發現。」那麼，究竟是什麼如此強而有力，使得康熙在海邊玩耍了數十年，都未能做出絲毫變革的行動呢？

無獨有偶，康熙皇帝的孫子，「一代明君」乾隆皇帝也讓我們感到非常困惑。在乾隆皇帝在位期間，大英帝國派馬戛爾尼出使中國。馬戛爾尼使團給乾隆帶來了許多禮品，包括諸如前膛槍、望遠鏡、地球儀、天體運行儀、鐘錶和一艘英國最先進的 110 門炮艦模型、蒸汽機、棉紡機、梳理機、織布機、榴彈炮、破擊炮等等物品。可以這樣理解，馬戛爾尼率英國使團來華帶來了西方工業革命及近代科技幾乎所有的最初成果和最新資訊。然而，這些東西可曾給中國帶來什麼改變嗎？

「千古一帝」康熙，「一代明君」乾隆，為什麼他們都入寶山空手而歸呢？

俄國沙皇彼得 and 蘋果教主賈伯斯

康熙乾隆的決策說明了什麼？這裡我們用「比較」來說話。

與「康乾盛世」同時代的俄國。政治腐敗，經濟落後，人民生活貧困，國防力量薄弱。土耳其和韃靼人雄踞南方，控制著黑海，俄國每年必須向克里米亞汗上貢。瑞典人控制

著波羅的海沿岸大片領土。通向黑海和波羅的海兩大門戶，都被強鄰掌控。當時的俄國遠非盛世，且大多數方面都落後於中國。然而，彼得大帝（Pyotr Pyervyy）改革後，俄國迅速崛起。

一方面，俄國走上世界強國的發展道路，一方面，大清帝國每況愈下，最後落得苟延殘喘。如此鮮明的對照到底說明了什麼？彼得、葉卡捷琳娜（Catherine I Alekseevna Mikhailov）、康熙、乾隆都是當之無愧的英明帝王，但是他們的決斷為什麼會如此的不同呢？理由可能不少，但是，具有決定性的作用就是 —— 變革意識。沙皇彼得葉卡捷琳娜及手下群臣有著強烈的變革意識，而康熙、乾隆及手下群臣沒有，如此而已。

1983 年，賈伯斯想說服當時的百事可樂總裁約翰·史考利（John Sculley）加入蘋果，史考利卻有所顧慮。一天，他們登上公寓樓的露臺，向西眺望哈德遜河。

史考利對賈伯斯說：「史蒂夫，我真的很願意成為你的顧問，為你提供一切可能的幫助。因為你是我遇到的最好的人。但我不想去蘋果工作，無論薪水多高，我都不想去。」賈伯斯低下頭看著地面，咬著嘴唇一言不發。這片刻的寧靜讓史考利感到渾身的不舒服。突然，賈伯斯抬起頭，用犀利的眼神看著史考利，說出了一句讓史考利終身難忘的話：「你是想一輩子賣糖水，還是想要一個機會來改變世界？」

海邊玩耍的康熙，為何既未發現大海，也未撿到貝殼？

　　史考利覺得，這句話像鐘磬一樣敲在心頭鏗鏗作響。面對賈伯斯的誠意，在一次可能改變世界的機會面前，他明白，自己無論如何也不能說「不」。

　　在賈伯斯和史考利之間，引起共鳴的就是 ── 變革意識。所謂「變革意識」，就是指人們對於變革所持的普遍態度和看法。「是賣糖水，還是改變世界？」極具煽動性。這句話的廣為流傳讓我們覺察到：其實，變革意識就在我們每一個人的心中，是一個非常基本的社會意識。

　　不是每個創造，都能引發一場變革。如果人們頭腦中沒有變革意識，就無法從創造中讀出「變革」，在實踐中牴觸或是不歡迎「變革」。如果人們乾脆不想變革，那麼再好的創造也都會被扔到歷史的某個角落，甚至垃圾堆裡。遺憾的是，中國人頭腦中就沒有變革意識，而康熙乾隆是中國人的「頭腦」，也是中國人。

　　數千年來，中國人的生產力水準曾一直居於世界前列。傳統中國人發明了好些新東西，其中就有火藥、印刷術、造紙、指南針等四大發明。

　　西元 1620 年，英國哲學家培根（Francis Bacon）在《新工具》（*Novum Organum: Sive Indicia Vera de Interpretatione Naturae*）一書中說：「印刷術、火藥、指南針這三種發明已經在世界範圍內把事物的全部面貌和情況都改變了。」而後，馬克思（Karl Marx）將這些發明的意義推到了一個高

峰，他寫道：「火藥、指南針、印刷術 —— 這是預告資產階級社會到來的三大發明。火藥把騎士階層炸得粉碎，指南針打開了世界市場並建立了殖民地，而印刷術則變成了新教的工具，總的來說變成了科學復興的手段，變成對精神發展創造必要前提的最強大的槓桿。」

英國漢學家麥都思（Walter Henry Medhurst）指出：「中國人的發明天才，很早就表現在多方面。中國人的三大發明（航海羅盤，印刷術，火藥），對歐洲文明的發展，提供異乎尋常的推動力。」漢學家艾約瑟（Joseph Edkins）又在上述三大發明中加入造紙術。最後，這個發明清單被後來的著名英國歷史學家和漢學家李約瑟（Noel Joseph Terence Montgomery Needham）發揚光大。

同樣的四樣東西，牆內開花牆外香。四大發明在中國杳無聲息，在西方反倒是廣闊天地大有作為。這是怎麼回事？顯然，不是「同樣的事物西方有中國沒有」的問題，而是「同樣的事物西方人用來改變世界，中國人則一直沒有」的問題。這裡的「沒有」，絕不是「沒有」創造發明，而是「沒有」像賈伯斯那樣，用創造發明來改變世界的人。

在這個世界上，人們永遠可以分成這樣兩類。

一類是變革意識強的人，比如蘋果前總裁賈伯斯，他認為「活著就是為了改變世界，難道還有其他原因嗎？」在他的一生中永遠地改變了 6 個行業：個人電腦，音樂，電影，

電話，平板電腦，還有零售業。還比如俄國沙皇彼得大帝，他永久地改變了俄國和俄羅斯人。

另一類是變革意識弱的人。這些人，即便給他們改變世界的機會，他們也抓不住，甚至意識不到。當然，一個人變革意識弱，並不代表他沒有能力，就比如大清帝國的康熙和乾隆皇帝。

同樣，文明也永遠可以劃分為兩類。

一類是變革意識強的文明。它們歡迎改變，鼓勵冒險、鼓吹進步，它們是「彼得大帝」、「賈伯斯」們的天堂，「康熙」、「司馬光」們的滑鐵盧。在那裡，變革者一呼百應，人們不是在改變世界，就是在去改變世界的路上，尋找和探索改變世界的途徑、手段和工具。

另一類是變革意識薄弱的文明。在那裡，人們以持重保守穩定和諧為榮，視變革為險途，視變革者為搗亂分子。顯而易見，在後一類文明當中，變革將會很難發生、甚至是完全不可能發生。

賈伯斯和孔子的對話

賈伯斯臨終前，向上帝祈禱：願把所有科技換來和蘇格拉底相處一下午。上帝建議他去和孔子相處一下午。因為兩人學問相近，孔子似乎更有影響力。

賈伯斯問：「我以為，活著就是為了改變世界。您認為，還有其他原因嗎？」

孔子說：「活著就是為了改變世界？這句話是錯的。」

「為什麼？」

「因為世界是不變的。天道有常。你想改變也是改變不了的，這是不以人的意志為轉移的。」

「也許吧。但是，如果嘗試一下世界是否可以改變，應該很有意義吧？」

「錯。天是一切道德觀念和原則的本源，是最高價值之所在。我們所能做的就是尊敬和維護天，這才是最有意義的。試圖改變天，就是捨香就臭、捨美就醜、捨高尚就卑鄙，此非君子當為。」

「那麼，活著是為了什麼呢？」

「活著是為了得道。回復到先天和天道渾然一體的境界，即天人合一。」

「以天道為目標，努力改變自己，是這樣嗎？」

「對。記住：天是永恆的最高價值。」

關於天人關係，中華文明自古至今都青睞「天人合一」。其核心理念只有一條：天的價值大於人的價值。天的價值不但比人高，而且是最高價值之所在。從此核心出發，中華文化又得出了三個重要推論：其一，「天」是不變的。

海邊玩耍的康熙，為何既未發現大海，也未撿到貝殼？

「天道有常：不為堯存，不為桀亡」，無論人怎麼做，也改變不了天的分毫。其二，我們所能改變的只有我們自己。天是恆定不變的，能夠改變和需要改變的只有我們自己，而且，改變的結果也只能影響我們自己的吉凶禍福；其三，「人」要向「天」回歸。天和人曾經是合一的，現在人墮落了，要向天回歸。因此，人生的最大意義就是向天的回歸，回歸於天也是人生的幸福所在，反之則是逆天，大逆不道，必受天罰。

在傳統中國，人們不僅沒有看到「彼得大帝」，也沒有發現「賈伯斯」。這種現象，我們該作何解釋呢？如果數十年沒能出彼得、賈伯斯那樣的人，或許可以找出無數種說法，可若是數百年數千年也不曾出現過，我們又該如何來自圓其說呢？這絕不是「中國缺乏變革人才」的問題，這只可能是「中華文化缺乏變革意識」的問題，事實上，這就是「天人合一」緊箍咒的問題。── 中國人認定，與天人合一相比，變革毫無意義！

「天人合一」之下，幾千年來，在適應舊世界和創造新世界之間，中國人統統都選擇了適應；在改變世界和改變自己之間，中國人統統都選擇了改變自己。而這些選擇的核心判斷只有一個：天的價值大於人的價值；這些選擇的共性特徵只有一條：拒絕變革。

　　中國人並非不能變革，也並非沒有能力變革，而是拒絕變革。因為，每當人們想要變革的時候，都必須要接受人生意義高度的自我考量。令中國人自豪的是，自己祖祖輩輩都經受住了這一終極性的考量，做出了更加正確更加有價值的抉擇。但問題是，代價有多少呢？

　　有人說：「觀察 3,000 年來中國社會的真正進步，大多是在來自外部的亡國亡種的威脅下靠來自外部的智慧和力量來完成的。也就是說，當亡國亡種的威脅不那麼急迫顯著，當沒有外部智慧與力量的介入，這個社會幾乎不能主動完成任何真正重大的自我變革和進步。」這難道不是中國人為「天人合一」所付出的代價嗎？

第五章
「天無二日」——秩序觀的咒語

所謂三權分立，就是透過法律規定，將三種權力分別交給三個不同的國家機關執掌，既保持各自的許可權，又要相互制約保持平衡。在西方，三權分立原則的起源可追溯至亞里斯多德（Aristotle）時代。

17 世紀，英國著名思想家洛克（John Locke）在《政府論》（*Two Treatises of Government*）中，對權力分立理論進行了詳盡的描述。繼洛克之後，法國啟蒙思想家孟德斯鳩（Charles de Secondat）更進一步發展了分權理論，提出著名的「三權分立」理論。他在《論法的精神》（*The Spirit of Law*）中，將國家權力分為三種：立法權、行政權和司法權。

在傳統中國，皇帝和地方官員均集立法、執法、司法三大權於一身，容易造成權力的濫用，帶來許多嚴重問題。三權分立學說無疑有其非常美妙的一面，對於中國的這些問題，似乎正是對症的靈丹妙藥。可是，數千年來在中國為什麼就沒有出現本土的洛克、孟德斯鳩呢？姑且不提施行問題，為什麼中國人就沒能提出這樣的理論來呢？

是不是中國人不夠聰明，愚笨到沒有發現權力濫用所帶來的問題？或者智商問題導致他們發現不了這種解決方案？事實顯然不是這樣的。中國人非常聰明，這是人們所公認的，甚至有這樣的說法：中國人是世界上最聰明的人種之一。那麼，為什麼三權分立學說無法在中國降生呢？

　　歷史上，當晚清中國人將三權分立制度第一次介紹給國內時，輿論一片大嘩。人們或者認為這是天方奇談，或者以為西洋鬼子目無君父、大逆不道、純屬蠻夷未開化之地。這樣的反映現在看起來確實很奇怪，但是，要是我們從中國傳統文化出發來審視它，一切問題便會煙消雲散了。因為在傳統的人文教化下，中國人的潛意識告訴自己──秩序核心有且只能有一個。

▍秩序觀的決斷：一元 or 多元？

　　「老天不公啊！為什麼哥倫布沒有降生在中國？」後世中國人在學習西方大航海歷史時，往往會為在那個時間節點上中國未被歷史垂青而耿耿於懷：「為什麼中國的船隻沒有在達伽馬之前繞過好望角向西航行並在歐洲殖民？為什麼中國的船隻沒有橫渡太平洋到美洲西海岸殖民？」

　　其實，中國並不缺乏哥倫布這樣的航海家。歐洲有航海家哥倫布，中國有航海家鄭和。哥倫布率船隊從西元 1492 年到 1502 年間四次橫渡大西洋。規模最大一次出航船員 1,500 人，17 艘船。而明初大航海家鄭和絲毫不遜色與哥倫布，鄭和的船隊從西元 1405 年到 1433 年，一共有 7 次遠航。規模最大一次約兩百四十多艘海船、兩萬七千四百名船員。從時間先後，船員數，船隻數等指標上來看，鄭和遠比哥倫布更

稱得上是大航海家。那麼，大航海事業為何沒有在中國生根
發芽，發揚光大呢？鄭和的航海為什麼沒能改變歷史進程，
引領出大航海時代呢？

　　在哥倫布航海背後，隱藏著的這樣一個少有人知的故
事：哥倫布曾請求葡萄牙國王派船讓他向西航行探險。他的
請求被國王拒絕了，於是他就求助於梅迪納 ── 西多尼亞公
爵（Duque de Medina-Sidonia），也遭到了拒絕，最後他又求
助於西班牙的國王和王后，他們拒絕了他的第一次請求，但
後來在他再次提出請求時總算同意了。如果歐洲在這頭兩位
統治者中任何一個的統治下統一起來，它對美洲的殖民也許
一開始就失敗了。事實上，沒有分裂的歐洲，就沒有哥倫布
航海事業的成功。

　　中國的問題就出在這裡：中國是一個大一統的帝國。在
西方，哥倫布至少有三次機會來實施自己的航海計畫：①求
助於葡萄牙國王；②求助於梅迪納 ── 塞多尼亞公爵；③求
助於西班牙國王和王后。因為歐洲是分裂的。然而在中國，
「哥倫布」只有一次機會：求助於中國皇帝。因為中國在政
治上是統一的。

　　在開局上，歐洲的哥倫布和中國的鄭和都成功了，他們
都得到了國家的支持，都進行了偉大的航海。但在他們的身
後，我們看到了兩種不同的結局。哥倫布的西班牙航海之
後，葡萄牙、荷蘭、英國等國前赴後繼，奔向大海、奔向新

航路、奔向新大陸，即便是西班牙停止了自己的航行，也絲毫不會影響到歐洲的大航海事業、不會影響到西方大航海的歷史。而中國的鄭和航海之後，中國朝廷上發生了權力鬥爭。當反對遠航的那一派取得上風時，它停止派遣船隊，還拆掉船塢並禁止遠洋航運。當然，這本來是世界上任何地方都可能發生的一種局部的政治變化。然而在中國，情況有所不同，因為整個地區在政治上是統一的。一個決定就使整個中國停止了船隊的航行。那個一時的決定竟是不可逆轉的，因為已不再有任何船塢來造船以證明那個一時決定的愚蠢，也不再有任何船塢可以用作重建新船塢的中心。

中國人熱衷於國家的大一統。歷史上凡是完成這一偉業的人均被奉為國家英雄，深受國民的敬仰和愛戴。然而，人們所追求的大一統果真是一個完美社會嗎？不見得。至少哥倫布的故事給出了一個例外。也許我們應該重新考慮一下這個問題。

歐洲，是一個政治分裂的社會。但歐洲崛起的歷史告訴我們，政治分裂似乎並非全是壞事。就比如說航海，一旦西班牙開始了歐洲對美洲的殖民，其他的歐洲國家看到財富滾滾流入西班牙，立刻又有 6 個歐洲國家加入了對美洲殖民的行列。對於歐洲的大炮、電燈照明、印刷術、小型火器和無數的其他發明，情況也是如此：每一項發明在歐洲的一些地方由於人們的習性起先或者被人忽視、或者遭人反對，但一

旦某個地區採用了它，它最後總能傳播到歐洲的其餘地區。

反觀大一統的中國。除了停止海外航行的決定外，中國的明朝廷還做出另外一些決定：放棄開發一種精巧的水力驅動的紡紗機，在 14 世紀從一場產業革命的邊緣退了回來，在製造機械鐘方面領先世界後又把它拆毀或幾乎完全破壞了，以及在 15 世紀晚期以後不再發展機械裝置和一般技術。大一統所帶來的問題，並未隨著時代的發展而銷聲匿跡。在 20 世紀後半，當時一個或幾個領導人的決定就把全中國的學校系統關閉了十年之久，令三代中國人失去了自己的歷史機遇。

事實證明，大一統只不過是一種狀態。它根本談不上完美，更不是什麼真理的化身。或許這種狀態會給人們帶來穩定或者其他什麼的，但是享用它人們還要付出一些代價的，就比如前面所提到的一些問題。大一統的局限性是如此突出，甚至並不能保證自身的正義性。就彷彿舊中國的大一統時代，就有人將其比喻為：「暫時坐穩了奴隸的時代。」

既然大一統並不是一個完美的狀態，那麼中國人為什麼會對大一統如此青睞呢？說到底，我們還是要到文化中去尋找答案。

在這裡，我們先講一個概念 —— 秩序觀。所謂秩序觀，就是人們對於社會秩序的認知。秩序的原意是指有條理，不混亂的情況，是無序的對立面。人們發現，在自然進程和社會進程中，都存在著某種程式的一致性、連續性和確定性，

而這種認知便是秩序概念的緣起。一般而言，秩序可以分為自然秩序和社會秩序。自然秩序由自然規律所支配，如日出日落，月虧月盈等；社會秩序由社會規則所構建和維繫，是指人們在長期社會交往過程中形成的相對穩定的關係模式、結構和狀態。秩序觀就是在長期社會實踐中人們所建立起來的對於社會秩序的一些認知和看法。

在中華文化中，大一統代表著秩序觀的最高價值。在中國，大一統思想可謂源遠流長。道家的老子主張，以「一」為本，「道生一，一生二，二生三，三生萬物」。大一統的本體論便是由此生發。儒家的孔子則認為，帝王就應握有一統天下的權威，所謂「禮樂征伐自天子出」。法家的政治家李斯明確地說：「滅諸侯，成帝業，為天下一統」。對大一統的推崇是中國各傳統文化流派在秩序觀方面的共識。

南宋的時候，有個愛國者名叫陸游。

陸游生於北宋末年，當時宋朝的兩個皇帝被金人虜走，半壁江山淪喪敵手。陸游從小就學文習武，立志要「上馬擊狂胡，下馬草軍書」，報效國家。

陸游一生積極進取，追求捨身報國，但是每每受到主和派的排擠和打擊，一直未能受到重用。直至晚年，他仍時時不忘恢復中原。在八十五歲時陸游寫了一首詩〈示兒〉，傳頌千古：「死去元知萬事空，但悲不見九州同。王師北定中原日，家祭無忘告乃翁。」

在中國，〈示兒〉被歷代仁人志士所讚頌。為什麼這首詩能夠在中國世世代代廣為流傳呢？人們說，它展現出了一種強烈的愛國主義精神。然而究其根底，還是詩中「九州同」的大一統思想，迎合了中國人的秩序觀。

在西方，與開封的淪陷、北宋的滅亡相類似的就是：羅馬的淪陷和羅馬帝國的滅亡。基督教在西元 4 世紀被定為羅馬的國教之後，羅馬城就被塗上了神聖的色彩，被認為是救治人類的分裂和墮落的工具。然而，不幸的事情發生了：羅馬陷落了。在此背景下，人們開始質疑：為什麼在基督教已經成為了主要宗教，羅馬帝國依然會崩潰？如果基督教是真正的宗教，為什麼沒有保護羅馬抵禦外敵進攻？

基督教神學大師奧古斯丁在《上帝之城》（*De Civitate Dei*）中，給出了這樣的回答：人是由兩部分組成的，有兩種志趣和能力，有兩種愛，分居於兩個城池之中。「一個城池是按照自身意志行事的人居住的，另一個是按照上帝意志行事的人居住的……『雙城』意味著人分為兩部分，一部分永遠由上帝統治，另一部分注定要經受魔鬼的永恆懲罰。」前者展現了上帝的理性，後者則是人間的政治秩序，是上帝由於人的墮落而對人實施懲罰的一種方式。因此，人類的拯救與羅馬的命運無關，而是依賴上帝的恩典和啟示。羅馬只是個世俗的城池，並不是擔負著神聖使命的上帝之城。

奧古斯丁對兩個世界的劃分實際上是為了說明人的本質

的雙重性，既是精神的又是肉體的，而人的利益也因此劃分為以肉體為中心的世俗利益和以靈魂為主的精神利益。總之，奧古斯丁認為：羅馬的陷落、帝國的崩潰，屬於世俗利益範疇，不值得我們關注。

若是按照傳統中國人的看法，光復羅馬、重建大一統的帝國那絕對應該是頭等大事，而且還會得出這樣的結論：基督教不值得信仰。因為基督教是在羅馬興旺並成為了官方信仰的，上帝應該會特別喜歡和保護這座城市才是。可事實上它既沒有保護國家的統一也未能讓統治集團得到和諧穩定。這一質疑在傳統中國人看來根本就是無解的。然而，奧古斯丁的答案告訴我們，世界上並非只有一個秩序觀。大一統的秩序並非是無可爭辯、至高無上的秩序觀。

東西方的秩序觀，它們的根本差異在哪裡呢？西方文明認為，現實的秩序必須具有一個基礎，這一基礎不可能是法律自身，不能僅僅因為統治者制定了它，就可以把法律的標籤貼在上面。這一基礎必須是其他事物。這裡，它就是真理的源泉——上帝的意志。而中華文明則認為，最合理最完美的秩序就是「大一統」。這一秩序不需要真理做基礎、也不需要上帝的存在、甚至不需要審視統治集團是誰。

簡而言之，西方文明認為，精神秩序（上帝之城）是第一位的，世俗秩序，譬如統一或分裂，無足輕重，即「多元」。而中華文明認為，大一統是第一位的，其他問題都等

而下之，即「一元」。

　　數千年的沉澱與人文教化，使得大一統在中國人的心靈中紮下根來，並讓中國人對其形成了精神依賴。如果說「愛美之心人皆有之」是真理的話，那麼，「大一統」在中國人心目中就是一種「美」，一種人人追求的完美圖騰。這種「美」就是秩序之美、這種「圖騰」就是秩序之圖騰。

▌罷黜百家，獨尊儒術

　　凡是存在的現象，必然有其存在的緣由。自人類有文明史以來，英雄豪傑，代代不絕，各領一時風騷。這數千年間，有無數的文明興起、有無數的文明衰落乃至滅亡，更有無數的文明奇蹟發生。這些文明奇蹟當中有個「持續幾千年的大一統」。這一奇蹟是唯一的，而且是中國人所創造的，中華文明所獨享的。那麼，這一奇蹟要歸功於誰呢？

　　中華文明大一統的奇蹟，首先要歸功於中國人的「大一統」意識：只有一個秩序核心才是最好的，即「一元的價值大於多元的價值」。中國人認為，一元的價值高於二元、三元、以及多元，具有最高的秩序價值。

　　大一統思想起源於戰亂時期的政治大一統的呼聲。在春秋戰國時代，由於民生的困苦、戰亂的多發以及社會的無序，導致那時候的中國人，當然其中也包括諸子百家的代表

人物們，普遍懷念並美化過去的大一統時代。這種大一統情結，便是「天無二日」緊箍咒的起源。然而，政治大一統畢竟不是思想大一統，兩者完全不能相提並論。這時，儒家在中國走向思想大一統的過程中具有至關重要的作用。

漢武帝時期，董仲舒在舉賢良對策中提出建議：凡是不在六藝之科、孔子之術的各家學說，都要從博士官學中排除出去。漢武帝對此建議非常讚賞。隨後數年中，武帝罷黜治申不害、商鞅、韓非、蘇秦、張儀之言的賢良；又置五經博士，使儒家經學在官府中更加完備；緊接著將不治儒家五經的太常博士一律罷黜，排斥黃老別名百家之言於官學之外，提拔布衣出身的儒生公孫弘為丞相，優禮延攬儒生數百人，還批准為博士官置弟子五十人，根據成績高下選拔擔任重要職務。

漢武帝的這一決策，就是歷史上著名的「罷黜百家，獨尊儒術」。其通俗解釋就是：廢除其他思想，只尊崇儒家的學問。以後，凡是做官的人都要懂得儒家的學說，用儒家的思想來解釋社會生活。「獨尊儒術」象徵著中國古代的大一統思想從「政治大一統」層面過渡到了「思想大一統」層面。從獨尊儒術開始，儒家逐步發展成中國的正統思想。

春秋戰國時代的文化高峰，在中國和中國人身上，在中國社會的各個領域，都打下了深刻的烙印。聖人們的一元秩序觀，客觀造就了歷史上「思想領域的儒家一統、政治領域王朝一統」格局的頻頻出現，而這一結果反過來又進一步加

深加強了大一統觀念的影響。多次的來往之後，「天無二日」
緊箍咒應運而生。

「天無二日」是中國人秩序觀的緊箍咒，其核心就是：
一元秩序優於多元秩序。由此核心出發，中華文化慢慢衍生
出有關秩序的諸多推論：其一、一元秩序中心具有最高的價
值；其二、試圖挑戰一元秩序中心的人們，不是「小人禽
獸」，就是「亂臣賊子」；其三、個人的價值是由其在秩序中
的位置決定的。個人的能力、貢獻、影響固然重要，但其價
值，追根究柢，是由本人在一元秩序中位置的高低，離一元
秩序中心距離的遠近來決定的。這便是「天無二日」緊箍咒。

（表）「天無二日」緊箍咒

	時代	關鍵人物	事件 ‖ 箴言 ‖ 著作
朦朧期	夏商周		夏商周數千年的大一統王朝歷史，給中國先人留下深刻印象。
萌芽期	春秋戰國	諸子百家	春秋戰國時代的社會失序、民生艱難和戰亂多發讓先哲們對過去的大一統有著美好的嚮往。故儒道墨法等各派思想中都潛藏著大一統的身影。 老子主張以「一」為本，「道生一，一生二，二生三，三生萬物」。 大一統從此有了本體論。 《春秋‧公羊傳》※：正式提出「大一統」。 大一統意識開啟。 「何言乎王正月，大一統也。」

傳播期	漢	董仲舒	董仲舒：漢景帝時任博士，講授《春秋·公羊傳》。繼承並發揚大一統意識。主張要維護政治統一，必須在思想上統一。
主流期	漢 宋	漢武帝劉徹 趙匡胤 趙光義	劉徹：採納董仲舒大一統主張。「獨尊儒術，罷黜百家」。 中國歷史上政治上和思想上的第一次大一統。 趙氏兄弟：做出「與士大夫共治天下」的選擇。 中國歷史上第二次大一統。 趙匡胤：滅南唐。 第一次將回復型大一統上升為征服型大一統。 「臥榻之側豈容他人鼾睡。」
教化期	漢 宋 元 明清		晉隋唐各代沒有思想大一統。晉代唐代中後期也未實現政治大一統。

※ 儒家經典之一。《春秋》的注釋本。相傳作者是孔子再傳弟子公羊高。

▋中華「一元」之力

「天無二日」緊箍咒，就是中華文明在儒家的「一元」秩序觀下，於北宋時期形成的一種基本精神文化特徵。在它的影響下，中國人形成了兩大價值取向：其一、不喜歡競爭，傾向於壟斷；其二、不喜歡開放，傾向於封閉。

孔子誅少正卯 and 趙匡胤滅南唐

中國人不喜歡競爭，傾向於壟斷。

孔子辦私學，弟子三千，賢者七十二，大大有名。

在魯國與孔子同時創辦私學的還有一人叫少正卯。據說少正卯這個競爭對手的存在，使得孔子門下學生多次滿了又空，空了又滿，只有顏淵一個人始終跟著孔子，沒有去。孔子當然對少正卯很是頭痛。而孔和少兩人競爭的局面，以孔子當上魯國大司寇而告結束。

定公十四年，孔子年五十六，當上了魯國的大司寇，一時掌握了政權，上任才七天就殺了少正卯。並公布了少正卯五條罪狀：「一日心達而險，二日行辟而堅，三日言偽而辯，四日記醜而博，五日順非而澤」。

表面上看，孔子是在利用職務之便，黨同伐異，用強權誅殺異己。然而，孔子做事斷然不會是如此淺陋的。那麼，孔聖人為何能夠在短短七天就做出如此凌厲的決斷呢？我們知道，人們的行為常常與隱藏在背後的文化有關，與該文化的某一價值取向有關。有力地支撐這一決斷和行為背後，正是孔子堅不可摧的一元秩序觀念。

為什麼孔子在殺了少正卯後仍然可以義正言辭呢？為什麼中國人在事後大聲叫好，並依然崇拜他呢？從一元秩序的角度來看，這樣的做法不但無可厚非，甚至是非常正確的。

因為一元秩序優於多元秩序，一元化本身擁有超越於任何其他價值取向的正義性。

孔子的率先垂範，使得人們了解到：追求一元秩序，我們可以採用怎樣的手段，可以付出何等的代價。從那之後，在傳統中國，只要打著大一統的旗號，即便手段厚黑、殘暴、甚至無法無天，中國人認為那也是可以理解，無可厚非的。因為目的和追求是美好的。

在這種文化環境下，中國人日益傾向於壟斷是順理成章的事情。因為競爭就意味著多元的存在，而多元是不好的、不美的。多元相對於一元，就好比邪惡之於正義。如果說正義必定會戰勝邪惡，那麼多元必定是暫時的，一元則必定是會實現的。

西元 960 年，宋太祖趙匡胤建立宋朝。他採取各個擊破的戰略，先後攻滅了荊南、湖南、後蜀等國。接著兵發南唐，將南唐首都金陵團團圍住。

南唐後主李煜派徐鉉到汴京求和。徐鉉說：「我們又沒招你沒惹你的，怎麼就非滅了我們不可呢？」趙匡胤直截了當地說：「沒什麼道理可講，你們看起來沒罪。但是天下一家，臥榻之側豈容他人鼾睡。」

不久，金陵城破，後主李煜投降，南唐就此滅亡。

大一統思想下，正義戰勝邪惡並不是經典，成王敗寇的哲學才是正途。不需要公義、不需要對錯、甚至不需要藉

口，我就要剷除你，因為天上只有一個太陽，那就是我。即便你從未做過什麼壞事，甚至你是真善美的化身，我存在這一事實，就使得你的存在本身構成了一種罪惡，所以剷除你就是正確的、符合天道的，說到底，這是永恆且偉大的一元秩序的要求。

執著追求對錯和正義的人並不受中國人尊重，因為在「天無二日」的影響下，他的結局很可能是那句經典：「開始我是對的，現在你是對的。」（阿里不哥和忽必烈爭奪蒙古汗位失敗後所言）只有勝利者才是正義的，因為他實現了代表最高價值的一元秩序。

不壟斷就意味著滅亡，這便是懸在每個競爭者頭上的達摩克利斯之劍 [4]。在此劍的威懾之下，中國人根本別無選擇。

從乾隆的「閉關鎖國」向前推，再向後推

中國人不喜歡開放，傾向於封閉。

說起近代中國的落後，人們都會想起清政府的閉關鎖國政策。馬克思曾這樣來評價說：「一個人口幾乎占人類三分之一的大帝國，不顧時勢，安於現狀，人為地隔絕於世並因此竭力以天朝盡善盡美的幻想自欺。」這樣的想法可以理解，但是，它是沒有足夠說服力的。因為，如果把責任都推給清

4　Damocles，象徵著滅亡降臨。

政府，那麼，我們完全可以認為：中國的落後，是源於清政府的某幾位大臣、或某位皇上所作出的「閉關鎖國」的錯誤決策。也就是說，落後只和具體個人、具體決策有關，與中華民族無關、與中華文化無關。

然而，事實果真如此嗎？

乾隆二十二年（西元 1757 年），一道聖旨從京城傳到沿海各省，下令除廣州一地外，停止廈門、寧波等港口的對外貿易，這就是所謂的「一口通商」政策。它標誌著清政府徹底奉行起閉關鎖國的政策。

若是我們把時間從這一點向前推。唐代中國曾以文化的多元性、包容性讓後世中國人豔羨不已。佛教道教的昌盛、禪宗的興起、三藏法師的西行、鑑真和尚的東渡等等，無不印證了這一點；而到了宋代，經濟固然昌盛，卻已經完全失去了唐代的風度，再沒有新的價值新的文化交流產生了；自明代開始，中國斷斷續續地出現了多次禁海，稱其為「閉關鎖國」不知是否恰當，但稱其為「走向封閉」當不過分。由此可見，清代閉關鎖國不是偶然的，在歷史上，中國人告別開放、走向封閉的趨勢非常明顯。

若是將時間從乾隆的閉關鎖國向後推，中國人的封閉性就愈發突出地顯示了出來。無論是鴉片戰爭、義和團、還是後來的種種，中國人都表現出了極強的排外性。如果說中國人本身沒有對「封閉」的價值偏好的話，根本不可能出現如

此之多、如此長時間、如此高烈度的排外運動。

各方面證據表明，中國人對封閉的偏好是客觀存在的。事實上，這種偏好不但強大而且根深蒂固。我們知道，大一統和封閉系統是一體兩面的。大一統，必然是一個封閉系統。「天無二日」影響下的中國人，必然會對封閉青眼有加。

在唐人眼裡，明人清人算是中國人嗎？

唐代是中國歷史上社會經濟和文化發展的鼎盛時期。它所創造的高度物質文明和精神文明，使它成為當時世界的文明巔峰。

唐人喜歡舶來品和外來人。不僅是羅馬的醫術、拜占庭式的建築、阿拉伯的麵食，西域各地的音樂舞蹈，都大受唐朝人歡迎，而且還歡迎來自境外的各色人等。外國來的商人、留學生、外交官、宗教人員隨處可見，幾乎不存在任何歧視。

唐人幾乎沒有民族歧視。外國留學生可以參加唐朝的科舉考試，科舉考試的目的就是選拔官吏，因此外國人在唐朝做官很正常。比較出名的有日本的阿倍仲麻呂，新羅人崔志遠。同時，外族人在唐代軍隊中地位也相當高，比如突厥人哥舒翰、新羅人高仙芝、波斯王子卑路斯。據統計，唐朝時做官的外國人多達三千，波斯人和伊朗人甚至官拜宰相。

　　唐人還奉行宗教開放。不但有儒道佛三家鼎立的大局面，還收容了不少在自己本土已經被毀滅的宗教。祆教迫害過摩尼教，但後來自己又被伊斯蘭教消滅了。而這些宗教在長安城裡，卻各有自己的據點，各有自己的信徒。唐朝，盡自己的力量搜羅並保護著世界各地的精神流浪者。在長安城裡面，祆教教堂有四座，都建在朱雀大街上。

　　唐代女性地位之高，為古代中國之最。例如：唐代女性在家庭生活中擁有一定的法定繼承權，女性可以單獨為戶主，具有較為獨立的經濟地位等等。同時，唐代婚姻思想開放，貞節觀念淡漠。唐公主改嫁者達數十人，高陽、襄陽、太平、安樂、永嘉諸公主還養有男寵。唐朝婦女女性意識上的自主性，表現為其女性地位的尊嚴的提升。盛唐時期，有設立幕府、干政決獄的女顯貴，有揮翰作詩的女才子，也有擅長絲竹管弦、輕歌曼舞、色藝皆佳的女藝人……還有中國唯一的女皇帝 —— 武則天。

　　如何評價唐代中國？文化學者余秋雨說：「盛唐，是一種擺脫一元論精神控制後的心靈自由，……更是世界多元文化的平等交融、安全保存。」筆者舉雙手認同。

　　唐代是光輝的，然而，唐代並不是中華文明的唯一代表。後來的明清兩代也是古代中國的強大朝代，也非常輝煌。尤其是清代的康乾盛世時期，其疆土之廣大、人口之眾多、經濟之繁盛，甚至還超過盛唐。那麼，唐代社會與明清

社會，有何不同之處呢？眾所周知，相對於唐，明清兩代是閉關鎖國的時代、是孔教一統的時代、是民族歧視的時代、還是婦女歧視的時代。唐代社會和明清社會的文化差異，異常鮮明而且深刻。

我們知道，伊斯蘭文明、基督教文明、歐洲中世紀文明也有許多共同點，比如說，一神教、崇拜上帝、承認亞伯拉罕（Abraham）為先祖、以摩西為先知等等。如果它們都可以被認定是不同文明，那麼，若是能看到明清的社會生活，唐人會怎麼想？會把明清和自己視為同一文明，中華文明嗎？會把明人清人和自己算作同一民族，中國人嗎？

唐和明清之間，到底有什麼文化差異？——開放！唐人擁有強烈的開放意識，而明人清人徹底地丟棄了它。

20 世紀後半，南韓的燦爛崛起 VS 北韓的黯淡彷徨

有人頗有些不以為然：「失去了開放意識又如何，康乾盛世也滿好嘛。」那麼，就讓我們來看看身邊眼前的實例吧。

20 世紀中葉，二戰結束後，由於政治的原因，朝鮮半島被人為地分成兩部分：北部的北韓和南部的南韓，其間是著名的軍事分界線——「北緯 38 度線」。

朝鮮南北方的發展是不均衡的。南韓人口總數雖然是北韓的 2 倍，但其國土面積卻要比北韓少得多，而且大多是丘

陵、山地。從天然資源上看，北韓的人均資源占有率是南韓
十幾倍以上，有些還更多，北韓相對於南韓擁有太多的天然
優勢。另外，韓戰停戰後，北韓獲得了大量的經濟援助（主
要來自蘇聯和中國），經濟很快就得到恢復，並取得了更快
的發展。因此，在 1950 年代末，北韓要比南韓富裕得多。從
人均 GDP 來看，1960 年北韓 GDP 是 253，南韓 82，前者是
後者的 3 倍。（※ 按實際可比價格計算。單位：美元）

　　然而，從那裡以後，事情發生了天翻地覆的變化。

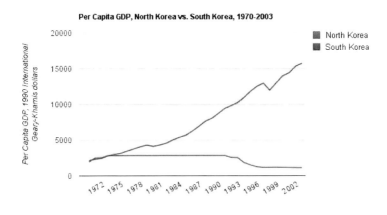

（表）北韓與南韓的人均 GDP 對比表

　　1960 年代。南韓確定了發展外向型經濟的國策。這一
時期是南韓外向型經濟形成時期。主要措施為振興出口、引
進外資、引進技術。並於 1965 年南韓和日本實現了邦交正
常化。

1970 年代。南韓開始推行門戶開放政策,同時繼續推進經濟建設。這一時期,針對南韓國內外經濟條件的變化,提出「各地區均衡發展」、「劃時代地擴大出口」、加緊「重化工業建設」等目標,改善了地區間、產業間的不平衡發展。在此期間,國民生產總值年均增長率為 11.2%,創造了該時期發展中國家經濟增長率的最高紀錄。

1980 年代。南韓開始推行國際化,力圖把其企業全面推向國際市場,按照國際市場競爭的要求,加快產業結構的升級。

1990 年代至今。南韓進入調整改革發展階段,開始行政改革和金融體制改革。1992 年與中國建交。1992 年 12 月,誕生南韓歷史上第一位文人民選總統。1995 年南韓人均 GDP 突破了一萬美元大關(10,037 美元)。1998 年 2 月,在對北韓政策上,開始推行「陽光政策」,提出互不使用武力、不搞吸收統一、加強南北交流與合作的「對北三原則」。

從人均 GDP 來看,2007 年北韓 957,南韓 19,624,南韓已經是北韓的 20 倍。從 1960 年的 3:1,到 50 年後的 1:20,朝鮮南北方產生了 60 倍的差距。在並沒有戰爭發生的前提下,如此懸殊的對比,甚至都有些玄幻的色彩,著實令人們震驚不已。那麼,這一客觀事實究竟是什麼偉力造就的呢?── 開放!是開放意識的差距決定的朝鮮南北方的命運。

從 1960 年代起,南韓人在開放意識上就占了北韓的上風,具體就展現在兩大決策上:外向型經濟、對日本媾和。

1970 年代，南韓人不斷強化自己的開放意識，不但繼續堅持對外開放，同時還對國內不同地域、不同產業進行開放，不讓既得利益地區和產業成為進步的絆腳石。到了 1980 年代，南韓人的開放意識進入到新階段，徹底融入到整個世界當中，整個世界的潮流當中。1990 年代之後，在國際上，南韓人不但向蘇聯開放，更和韓戰中的對手中國建交，結成全方位的緊密合作；在國內則開放政治和金融等諸多高端領域，並對北韓執行陽光政策。

從南韓這數十年的一系列措施，可以清楚地看出：開放意識已經成為南韓人的共識。而且，在不斷深化和強化的同時，開放意識還在繼續向更高層次邁進。

相比之下，北韓人似乎走上了相反的道路。一個明顯的證據就是：至今北韓也未能和日美兩國實現關係正常化。或許有人說這是歷史造成的，然而，與日本美國有戰爭舊怨的中國越南都做到這一點，它的同胞兄弟南韓也做到了。事實上，近 50 年來，北韓在各個方面、各個方向上都變得越來越不開放。這只有一個解釋：北韓人的開放意識在不斷弱化。

朝韓之間的發展落差該如何解釋？具體措施上人們可以有很多解釋，但是，根本性的答案只有一個：南韓得到了開放意識，而北韓失去了它。朝韓雙方似乎在用它們的歷史告訴世人一個道理：開放意識是文明發展的巨大動力。得到它和失去它，可以在五十年間產生 60 倍的差距。

一葉障目，不見泰山 and 兩葉障目，不見文明

對於一個文明而言，開放是極其重要的。當代中國把「對外開放」作為一項長期的基本國策，建立了「正確對待人類所創造的一切文明成果」的原則。這一原則，是中國這幾十年突飛猛進的根本所在。一百多年前日本的「明治維新」也是開放的一個成功例證。

牛頓說：「如果說我比別人看得更遠些，那是因為我站在了巨人的肩上。」這句話道出了「開放」的祕密。要看得更遠，並不需要自己成為一名巨人，只需要站在巨人的肩膀上。英國人並沒有自創一套數位記號，也沒有自建一個宗教體系，也不曾到古英國人那裡去尋找理性、人性以及學術，他們讚美那些人類先知（即便他們和英國沒什麼關係），承認他們的豐功偉業，並毫無心理障礙地在那些先人的成果基礎上做出自己的貢獻。英國人並沒有以自我為中心，一個視角、一個方位、自以為是地看待事物，而是有意識地嘗試多視角、全方位、不帶偏見地看待事物。沒有這種意識，英國人就站不到巨人肩上，就沒有英國工業革命的輝煌，就沒有牛頓、馬克士威（James Clerk Maxwell）、亞當斯密（Adam Smith）、達爾文等上帝一般榮耀的名字。英國人的這種「意識」，就是開放意識。

「為什麼開放會如此強大？」那是因為，開放意識將人

們放在了巨人的肩膀上，使得他們站得更高、看得更遠、走得更快。唯有在開放的氛圍中，人們才可能從容地面對人類所創造的一切文明成果。

中華文明是「天無二日」下的文明。凡是與多元秩序相關的內容，都很難獲得中國人的支持，更大的可能是遭到無視或封殺。在大一統之下，特別是思想大一統之下，中國根本沒有新價值的位子。一方面，統治思想會扼殺內部新思想、新價值的產生或壯大；另一方面，它也不希望有外來的新價值進來搶自己的位子。對於前者，人們會透過用壟斷取代競爭來解決，而對於後者，封閉似乎是一個更好的選擇。於是，「天無二日」下，中國人自然而然地丟棄了開放意識，致力於壟斷意識和封閉意識的二合一實踐。

就中華文明而言，對內，「壟斷」是一片樹葉，讓人們看不清內部；對外，「封閉」是另一片樹葉，讓人們看不見外部。在這種氛圍中，人們也做到了「從容地面對人類所創造的一切文明成果」，更準確地說，人們根本就什麼也沒有看見。人們常說：「一葉障目，不見泰山」；而在實踐中，人們往往會更進一步，劍指「兩葉障目，不見文明」。

毋庸置疑，大一統絕非是一個貶義詞。大一統思想自有其正確、光輝的一面。但是，我們不得不承認，大一統思想，及在思想上程朱理學的大一統，是宋代以後中華文明停滯不前的重要根源。哈威爾（Harwell）說：「秩序已經建立起

來，其代價是精神上的麻痺、心靈的麻木、生活的荒蕪。表面的穩定已經獲得了成功。其代價是社會精神和道德危機。」對於中華文明而言，這句話實在是再恰當不過了。

第六章

「普天之下」——自由觀的咒語

西元 1842 年 8 月 29 日，中英雙方在泊於南京江面的英國軍艦上簽署停戰協定，史稱《江寧條約》，也叫《南京條約》。人們常以為，《南京條約》是一個割地賠款、喪權辱國的不平等條約，是近代中國遭受西方列強欺凌的屈辱見證。然而，很少有人意識到，南京條約本來是英國人所能給予中國人的最珍貴的禮物。

在《南京條約》中，英國人明明白白地將事關文明興衰的無價珍寶近乎無償地送到了中國人的面前，而中國人卻認為 ── 「這是一個不平等條約」。

《南京條約》一共 13 條。其中第一條，中文是這樣表述的：「嗣後大清大皇帝與英國君主永存平和，所屬華英人民彼此友睦，各住他國者必受該國保佑身家全安。」英文《南京條約》第一條全文如下：

ARTICLE I. There shall henceforward be Peace and Friendship between Her Majesty the Queen of the United Kingdom of Great Britain and Ireland, and His Majesty the Emperor of China, and between their respective Subjects, who shall enjoy full security and protection for their persons and property within the Dominions of the other.

這是一條一直被忽視的重要條款。中文的「身家全安」，在英文中是「shall enjoy full security and protection for their persons and property」，這句英文的意思是說：人身

（persons）和財產（property）要得到完全（full）的安全（security）和保護（protection）。它的真正內涵是什麼呢？——人身權（本文中所說的人身權主要是指人身安全的權利）和財產權要受到保護，而且這一點要由政府承諾並提供保障。英國公民在中國，其人身權和財產權要由中方提供保障；同樣，中國公民在英國，英國政府也承諾保障人身權和財產權。這是合理的要求，也是平等的要求。

人身權和財產權，是現代文明的根基。英國人將這樣的內容列入《南京條約》第一條，是因為他們極其看重這一點，而且早在西元 1840 年 2 月鴉片戰爭開始之前就已經確定下來了。對該條款的看重，以至於英國人一定要在條約的第一條加以強調。《南京條約》第一條，絕不是老生常談，絕不是禮節性的套話，然而，中方卻對這一條的深刻內涵完全沒有領會。以欽差大臣耆英為代表的清政府官員在條約上簽字的時候，根本就沒有理解英國人為什麼要將之寫在《南京條約》的第一條，而負責翻譯的人也未能領會那幾個看似簡單的英文單詞後面隱藏的重大歷史奧祕，而且即便到了如今，中國的研究者們也沒有意識到英國人在說些什麼。中英雙方對這一條文的不同態度，剛好折射了兩國的歷史命運。

為什麼英國人如此重視的內容，中國人卻幾乎視而不見，而且這種視而不見甚至一直持續到今天呢？這個問題很深奧，需要我們從中華文明的自由觀談起。

自由觀的決斷：歸屬 or 自由？

　　自由，在法律上說：自由就是公民在法律規定的範圍內，其自己的意志活動有不受限制的權利，如言論自由，集會結社自由。在哲學上說：自由就是人了解了事物發展的規律並有計畫地把它運用到實踐中去。即對必然的認知和對客觀世界的改造。而在大多數中國人心目中，自由彷彿就是自己做主，不受限制和拘束的代名詞。

　　自由，是一個人人耳熟能詳的詞。我們也許還記得詩人裴多菲（Sandor Petofi）的詩句「生命誠可貴，愛情價更高；若為自由故，兩者皆可拋。」也記得有先賢說過「不自由，毋寧死。」可是，在大多數時候，自由對於中國人來說，只不過是一句朗朗上口的口號罷了。

　　自由，它到底意味著什麼呢？

　　黑人司機載了一對白人母子，孩子問：「為什麼司機伯伯的膚色和我們不同？」

　　母親答：「上帝為了讓世界繽紛，創造了不同顏色的人。」

　　到了目的地，黑人司機堅持不收錢。他說：「小時曾問過母親同樣問題，母親說我們是黑人，注定低人一等，如果她換成你的回答，今天我定會有不同的成就。」

　　黑人司機提出了一個命題：若是我小的時候就沒有心靈的桎梏，定會有不同的成就。這是否是一個真理呢？以個體

作為研究對象的話，它怕是很難成立的，可若是以群體為研究對象，它完全可以稱得上是一條顛撲不破的真理。打破種族歧視後的美國黑人已經用他們的不凡成就向我們證實了這一點。變化不是平等帶來的，而是取消了心靈的桎梏帶來的。說到底，是心靈上的自由給人們帶來了無窮的生機和力量。

自由，對於中國人來說，屬於徹頭徹尾的舶來品。筆者不準備為「自由的偉大」背書，本書強調的是：中國人從來不曾有過「自由」的觀念。在傳統中國，似乎每個中國人自打生下來開始就把一切權利交了出去，以後凡是得到什麼，都要謝天謝地謝君王，都是恩賜的，而不是自己應得的。其中更有一項重要權利，自從交上去後，就再也不曾返回到中國人手中，那就是 —— 自由。

早在民國時期，著名學者梁漱溟就曾說：「中國人對於西方人要求自由總懷兩種態度：一種是淡漠的很，不懂得要這個做什麼，一種是吃驚得很，以為這豈不亂天下！另一面，西方人看中國人這般的不想要權利，這般的不把自由當回事，也大詫怪。因為他們覺得，一個人如果在對世界的看法和對人生的態度上都不能自己做主，活著還有什麼意思。」由此可見，問題不是出在別處，正是出在人們自己的心裡。或者我們可以這樣說，「不要權利、不把自由當回事」的中國人才是純正的中國人，只有純正的中國人才會對「自由」如此無動於衷。

在美國政壇，華人從政比例很低，華人的聲音十分微弱，在華人圈子中「只顧個人事業，不問國家興衰」的心態非常普遍。據統計，華人在美國全國性選舉中投票率比美國平均水準低 10 多個百分點。加州大學教授的調查顯示，在 2004 年美國總統大選中，只有 37% 的亞裔人參與投票，相比之下，68% 的黑人和 73% 的白人參加了投票。

越過大西洋，翻看英國華人的歷史，記載中最令人印象深刻的對華人的描述是「沉默的一群」；英國有 60 多萬華人，是英國第三大少數族裔，但他們中只有一半參加選舉登記。

在大洋洲和非洲，過去關於華人參政的字眼大多是「傷疤」、「低姿態」和「不介入」……

在本土，從遙遠的過去到眼前的現在；在國外，從北美到歐陸、甚至非洲，中國人普遍表現出「不要權利、不把自由當回事」的態度。如果站在「世界」的高度來看，傳統中國人和西方人相比，就相當於計程車故事中站在「美國」高度來看的黑人與白人相比，都是：沒有自由。唯一的差別就是，黑人的沒有自由是白人強加的，而中國人的沒有自由則是中國人自己的選擇，是中國人的自由觀所決定的。

自由觀，就是人們對自由的認知，就是人們關於自由在各個層面上的假設和成見。

中國人的自由觀強調：自由並不存在。哲學家康得認為：「自由，是人在自己所擁有的領域自主追求自己設定目標

的權利。」然而在傳統中國，一切都不是你的，其中包括你自己，也包括所謂「你自己的領域」。

《詩經・小雅・北山》有句國人千古傳誦的名言：「普天之下，莫非王土，率土之濱，莫非王臣。」整句話意思是：普天之下，皆是王土，四海之內，皆是王臣。通俗點說就是：一切都是王的私有財產，包括我們的土地，也包括我們自己。一切事物，要麼屬於主公，要麼屬於王，要麼屬於國家……無論世事如何滄桑變換，對於中國人來講，有一點恆定不變，那就是：一切都不屬於你，包括你自己。這句話便是傳統中國自由觀的本質內容。

對於自由觀，中國人做出了自己的決斷——「不要自由」。西方人的抉擇是怎樣的呢？

《聖經》中記載，摩西受到了神的感召，帶領居住在埃及的猶太人，回到他們的所謂「上帝應許之地」迦南之鄉。在回鄉的路上，摩西得到了神所頒布的《十誡》。

那時候，猶太人是埃及人的奴隸，事實上，他們是逃出了埃及。《摩西十誡》這一部法典，就是在如此逃難過程當中誕生的。當時的摩西面臨著一種絕望的困境，因為逃離埃及的猶太人，已經在沙漠裡流浪幾十年了。於是，摩西帶領他的族人在西奈山下祈禱，請求上帝為他的族人指一條道路。一隻看不見的手——上帝之手在西奈山的峭壁上刻出十條戒律。也就是《摩西十誡》：

第一條：「我是耶和華，你的上帝，除了我之外，你不可有別的神。」

第二條：「不可為自己雕刻偶像。」

第三條：「不可妄稱耶和華─你上帝的名；因為妄稱耶和華名的，耶和華必不以他為無罪。」

第四條：「當紀念安息日，守為聖日。」

第五條：「當孝敬父母，使你的日子在耶和華─你上帝所賜你的土地上得以長久。」

第六條：「不可殺人。」

第七條：「不可姦淫。」

第八條：「不可偷盜。」

第九條：「不可做假見證陷害人。」

第十條：「不可貪戀他人的房屋；也不可貪戀人的妻子、僕婢、牛驢，並他一切所有的。」

作為《聖經》中的基本行為準則，摩西十誡流傳了三千年，在西方影響異常深遠。它是猶太人一切立法的基礎，同時也是西方自由觀的基石。初一看，摩西十誡的後六條是任何一個民族都存在的、都要遵守的。可問題是：摩西十誡是「人神契約」。

我們知道，傳統中國的「普天之下莫非王土，率土之濱莫非王臣」，不承認一切私有領域，並把一切私有領域從理論上變成了王的恩賜，所謂「雷霆雨露皆是君恩」，說是你的就是你的，說不是你的就不是你的，這也就使得自由根本無從談起。關於這種情況的合理性，即便中國人一向不求甚

解，但是若是真有人較真，先人們就會用「王是天子，天的兒子」，或者「奉天承運」、「五德終始」等說法，將統治者的權力來源，從法理上、道義上、精神上說的無懈可擊。

然而，在擁有摩西十誡傳統的西方，情況則大不一樣。因為摩西十誡是上帝和人類之間的「人神契約」，不是「王神契約」，不是上帝和王（皇帝）之間的私密條款。因此，在理論上，每個人的私有領域，包括人身、財產、所有物等，其安全都是受上帝保護的，是神聖不可侵犯的，即便王（皇）權也無法撼動。就這樣，西方人有了自己的私有領域，就這樣，西方人有了自己的自由觀：自由是存在的（至少在自己的私有領域內），而且是神聖不可侵犯的（是受上帝保護的）。

對於一個文明社會而言，自由觀具有相當重大的意義：它決定了人們能夠在多大程度上自由地觀察事物和做出自己的相關結論，還決定了人們能夠在多大程度上自由地思考和決定自己的行為方式。由於傳統中國人沒有自己的私有領域，西方人則切實擁有自己的私有領域，這使得東西方的自由觀從根本上變得不同，從而改變了雙方對未來道路的選擇，不論是從個人意義上講，還是從文明意義上講。

普天之下，率土之濱

「普天之下，莫非王土，率土之濱，莫非王臣」，這句話對人影響之深，遠在人們敢想像之上。千古傳誦的格言，數千年皇權至上的歷史，成百上千部史書的生動注腳與潛移默化的傳承，「普天之下」早已在中國人心靈深處留下了不可磨滅的印記。它改變了中國人的心智模式。

《史記·淮陰侯列傳》寫到：「秦失其鹿，天下共逐之，於是高材疾足者先得焉。」後人因以「逐鹿」喻爭奪統治權。筆者以為，「逐鹿」所追的不是統治權，而是所有權。後世中國人口中說「逐鹿」時，心中想到的是一頭裝著「全天下的土地和人身契約」的神鹿。這頭鹿死在誰的手上，誰就是最後的贏家，這些契約的所有者。傳統中國數千年來能夠一直是一人一家一姓之天下，就是這一圖騰的勝利。

「普天之下」的精神內核就是：一切都不屬於你，包括你自己。其在社會生活中的突出表現就是：強調歸屬，不要自主。也就是說，既然你是家（家族）、主公（王）、組織（國家）的所有物，那麼，沒有自由便很自然，你個人的人身和財產權利就很有限，家（家族）、主公（王）、組織（國家）的存在和利益才是天經地義。這就是中國人的自由觀──「普天之下」。

魯迅先生有一篇以抨擊中國舊社會、舊文明為宗旨的著

名雜文——〈燈下漫筆〉。文中指出：對廣大人民來說，歷史無非是「想做奴隸而不得的時代」與「暫時做穩了奴隸的時代」兩者的交替輪迴。魯迅先生此語可謂深刻，「想做奴隸而不得的時代」其實就是群雄並起，鹿死誰手尚未可知的時代；「暫時做穩了奴隸的時代」其實就是神鹿已死，天下有主的時代。而這正是傳統中國自由觀的客觀反映，其背後正是「普天之下」緊箍咒。

嚴光，宇子陵，東漢著名隱士。

嚴光少有高名，曾與光武帝同學。東漢開國後，他改名換姓，隱居鄉野。光武帝派人到處尋訪，終於找到他：披著羊裘，垂釣澤中。光武帝派特使專車，「安車玄纁」，將老同學接到洛陽。嚴光卻在賓館高臥，不願去拜見皇上。光武帝只好屈尊去賓館見老同學：「子陵啊子陵，你就不願出來助我治理國家嗎？」嚴光說：「帝堯著德，巢父洗耳。人各有志，何必相逼嘛。」光武帝拜老同學為諫議大夫，嚴光堅辭不就，歸隱富春山中。

談到「普天之下」，就不能不提明太祖朱元璋。在朱元璋以前，讀書人想做什麼還是有些自由的。嚴光這樣堅拒帝王之聘，選擇自己喜歡的生活方式的「江中釣叟」、「山林隱逸」，一向為世人尊崇：「雖不能至，心嚮往之。」北宋范仲淹就曾讚嘆道：「雲山蒼蒼，江水茫茫；先生之風，山高水長。」對嚴光，不同人可能有不同理解，但有一點認知卻是

共同的：獨立自由之精神。對於這種精神，朱元璋之前的歷代帝王不僅能容忍，還常常予以表彰。

然而，別人可以容忍，不意味著明太祖能容忍。朱元璋御筆〈嚴光論〉，徹底否定嚴光：「昔漢之嚴光，當國家中興之初，急需用人之際，卻悠游林泉，不為君用。朕觀當時之罪人，罪人大者，莫過嚴光之徒。」不僅筆伐，朱還創設「寰中士夫不為君用」這一史無前例的罪名，來嚴懲現實中的「嚴光之徒」。據欽定案例彙編《大誥》，貴溪儒士夏伯啟叔姪斷指不仕，蘇州士人姚潤、王謨被徵不至，皆被誅殺，籍沒其家。朱元璋御筆親批：「率土之濱，莫非王臣。寰中士夫不為君用，是外其教者，誅其身而沒其家，不為之過。」連惹不起躲得起的自由也被徹底剝奪。

朱元璋的鞭子很嚴厲，但他的糖果也很好吃。朱元璋決定將讀書人登記造冊，按月發祿米，且讀書人的產業免稅。這一政策一直持續到明朝滅亡。有明三百年，在朱元璋的軟硬兼施之下，「自由」二字終於從中國人的字典上消失了。

不能不說，「普天之下」的最終完滿，朱元璋造成臨門一腳的關鍵作用。

（表）「普天之下」緊箍咒

	時代	關鍵人物	事件 ‖ 箴言 ‖ 著作
朦朧期	商周		天命觀：殷商創造了一種「上帝」的觀念，認為它是上天和人間的最高主宰，是商王朝的宗祖神，因此，人們應該服從商王的統治。 君權神授：西周時用「天」代替了「上帝」，周王被賦予了「天子」的稱呼，認為天子的權力是神給的，天子代表神在人間行使權力，管理人民。 「受命於天」、「丕顯文武，皇天宏厭厥德，配我有周，膺受天命」
萌芽期	西周		《詩經》：「歸屬」意識開啟。 「普天之下，莫非王土，率土之濱，莫非王臣。」
傳播期	春秋戰國	孔子	孔子：治《詩經》、《尚書》、《禮記》、《樂》（失傳）《周易》、《春秋》六經。 《詩經》成為儒家經典。 《史記》記載：「孔子曰：「六藝於治一也。禮以節人，樂以發和，書以道事，詩以達意，易以神化，春秋以義。」」
主流期	漢明	劉徹王莽朱元璋	劉徹：漢武帝立五經博士，儒家國家化由此開端。 《詩經》由儒家經典變國家經典。 王莽：試圖復活「禪讓」制度，改變「普天之下」緊箍咒，最終失敗。 朱元璋：「率土之濱，莫非王臣。寰中士夫不為君用，是自外其教者，誅其身而沒其家，不為之過。」 「寰中士夫不為君用」罪將「普天之下」緊箍咒推至頂峰。

教化期	漢明清		

中華「歸屬」之力

「普天之下」緊箍咒，就是中華文明在儒家的「歸屬」自由觀下，於明代最終形成的一種基本精神文化特徵。在它的影響下，中華文化形成了兩大價值取向：其一，中國人不認同平等，傾向於等級；其二，中國人不喜歡自己做主，傾向於依附。

上帝與鄰人 VS 笛子與樂手

中國人不認同平等，傾向於等級。在社會生活中，「家長制」、「明主」等情結隨處可見。

在歷史上，「平等」並不是一個美好的詞彙，也不是人們所追求的事物。在這一點上，柏拉圖（Plato）和亞里斯多德、耶穌、聖保羅（Paul the Apostle）、孔子孟子並沒有什麼差別。然而，具體緣由卻各自不同。

古希臘人從個人能力出發，認為：每個人都有自己的適當的範圍。有些人由於他們的性格或者能力故而有著比別人更廣闊的範圍，所以，他們如果分享更大的幸福，也沒有什

麼不對的。基督徒從教義出發，認為：人人都應該服從國家
的權力機構，因為權力存在是上帝所准許的，當政者的權
力是從上帝來的。而儒家「不平等」的出發點則是在歸屬
關係。

社會上的不平等是確實存在的，各大文明都意識到了這
一點，並試圖證明這一現實是正義的。然而，為什麼儒家會
從歸屬關係出發來論證呢？

首先，儒家不會接受上帝源泉說。西方人認為不平等是
由上帝所賜權柄的不同所帶來的，而儒家的世界觀是「敬鬼
神而遠之」。「子不語怪力亂神」的教誨使得儒家不可能探
討有關上帝和靈魂的話題。沒有了上帝、沒有了人與上帝關
係的觀念，上帝源泉說也就是空中樓閣了。

其次，儒家不會接受能力源泉說。希臘人認為不平等是
由人的能力不同所帶來的，比如亞里斯多德就說：最好的笛
子應該分配給技術最好的樂手。這種說法和儒家是格格不入
的。在不平等這個問題上，儒家可能依據「因循守舊」起源
觀，將最好的笛子分配給出身最好的樂手；可能按「天無二
日」秩序觀，將最好的笛子分配給權力最大的樂手；可能是
按「德配天下」道德觀，將最好的笛子分配給道德水準最高
的樂手；就是不可能輪到人的能力來說話。

最後，儒家選擇了歸屬關係說。儒家認為，在社會關係
中，父子夫婦關係是最基本最重要的，而當時父子夫婦之間

的關係就是所有和被所有的歸屬關係。這種關係是如此普遍和無可置疑，直接彰顯出了「不平等」的不言自明性。於是，孔子選擇了以此為出發點，從而將君王和臣民之間的關係類推為歸屬關係。這就是孔子在修訂《詩經》時，「普天之下，莫非王土，率土之濱，莫非王臣」這一首能夠筆下超生的根由[5]。而反過來，這種歸屬關係無可辯駁地證明了不平等的現實正義。所有者和被所有者之間，如何能有平等可言呢？

於是，「普天之下」之下，中國人認為，社會的和諧與穩定就在於人們之間的不平等關係。追根溯源，社會的和諧與穩定的基石就是君王的所有權，其依據就是父子夫婦之間的歸屬關係。這便是在傳統中國社會作為立法指導思想的「三綱」，「君為臣綱、父為子綱、夫為妻綱」的由來。

雖說都是不平等，不同出發點的闡發卻導致各文明社會在「不平等」上存在巨大差異。以西方基督文明為例，耶穌說，律法中最需要遵守的有兩點誡命，第一是全心全意的愛上帝，其次是愛鄰如己。也就是說，不平等關係既不如人和上帝的關係重要，也不如鄰里關係，當然，還要排在血緣關係之後。不平等關係的弱勢可見一斑。而傳統中國卻把三綱

5　孔子對詩經的評價是：「詩三百，思無邪」。單就「普天之下」這一句，無論是希臘——羅馬共和時代，中世紀宗教時代、還是近兩百年的理性時代，只要是西方人，就不會給出「思無邪」的評價。

直接上升為天理，作為社會最高道德原則和觀念。為什麼在強度上差異會如此之大呢？筆者以為，這完全是所有權自身的特殊性造成的。

《資治通鑑》記載，李淵建立大唐，開始時規定官員相互稱呼名字，討論問題的時候，大家坐成一圈，平起平坐。這把一個叫劉文靜的大臣嚇壞了，他哭著懇求道：「陛下，不能這樣啊，平起平坐怎麼可以？這不全都亂了嗎？陛下你就應該高高在上，我們跪在下面……」

劉文靜的表現說明，所有權帶來的不平等，其強度遠不是管理權或個人能力帶來的不平等所能比擬的。「這樣豈非很不公道嗎？」也許吧。但是「普天之下」之下，中國人覺得這是造化安排就的「天理」，天經地義的事，所以要心裡想著這是該當的。

不要盤算這塊雲那塊雲，你頭上只有一塊雲，那就是你的所有者。很單純的想法，不是嗎？

費正清的「疑問」VS 王莽的「回答」

中國人不喜歡自己做主，傾向於人身依附。

1948 年，費正清（John King Fairbank）在他的《美國與中國》（*The United States and China*）一書中問道：「美國人迫切想要得出答案的一個問題是，為什麼中國的商人階級，

不能衝破對官場的依賴，以產生一種獨立的創業力量呢？」費正清的問題很尖銳，但是，這絕對不僅僅是中國商人階層的問題，而是所有中國人的問題。

從古至今，中國人都表現出強烈的「人身依附」特質，比方說，「在家靠父母，出外靠朋友」。不相信自己，習慣於把希望寄託在別人身上。官司當前，就出現清官情結；社會動盪，就出現明君情結；人際困擾，就出現明主情結。說到底，就是要找別人為自己做主。還比如，「屁股決定腦袋」。不堅持自己腦袋的觀點，習慣於接受自己屁股的觀點，也是中國人「人身依附」特徵的一個重要表現。「對就是對，錯就是錯」，說起來很簡單，然而實踐起來，中國人往往在親情友誼、集體利益、組織原則之類的名目下放棄自己堅持的信念。

中國人強烈的「人身依附」特質，不能完全歸根於《詩經》，歸根於「普天之下」那簡單粗糙的理念。「普天之下」的大行其道，儒家是難辭其咎的。一方面，《詩經》是孔子編訂的，這首詩的入選在很大程度上就代表了孔子的理念；更重要的是，在精神上儒家存在著深刻的缺憾 —— 儒家夢想，是建立在他人基業上的奮鬥。朱元璋指責「不為君用」的儒家弟子「是外其教者」，還是有其道理的。

孔子和幾個弟子在一起。

　　孔子先點評子路：「子路，你可以在千乘規模的諸侯管理軍政賦稅。接著點評冉有：「冉有，你可以在千戶人家的城邑、百乘兵車的大夫之家做總管。」然後又點評公西華：「公西華，你可以穿上官服，在朝堂接待來賓。」諸弟子點頭。

　　顏回問：「如果他們未被任用又該如何呢？」

　　「被任用，就推行自己的主張；不被任用，就隱退。」孔子有些感嘆，道：「不過，只有你我才能做到這樣吧！」

　　子路問：「如果您的主張無法推行，您會怎樣做呢？」

　　孔子說：「如果真是那樣，我就坐著小竹筏漂流到海外去。」

　　儒學是士大夫的學問，然而，沒有王權，何來士大夫？因此，「依附」是儒家自胎裡就有的基因：子路要去依附千乘規模的諸侯，冉有要去依附千戶人家的大夫，公西華要去依附國君。通俗點講，儒家弟子要麼去政府當公務員，要麼去給公務員打工。如果未被任用的話，儒家弟子們就只能隱退。隱退後做什麼？或者教書授徒，或者漂流海外，唯有一件事不會做：獨立自主。

　　從歷史上看，越讀儒家經典，中國人的依附心理越嚴重；越讀儒家經典，因人成事的情結越深刻。等學完了這些儒家經典，人們不是去開創自己的道路和事業，而是去四處尋找明主。

「難道儒家弟子就不能自己當家作主嗎？」人們不禁懷疑，「如果儒家經典裡有此缺憾，後世改過來不行嗎？」當然可以改。在中國歷史上，確曾有人嘗試過自己當家作主，嘗試過儒家教義中那極其關鍵的一環：「禪讓」。這個人便是周公的虔誠信徒，一代儒學大師 —— 王莽。

西元 8 年 11 月，在儒家知識份子們一片讚頌聲中，王莽在肅穆的和平禪讓儀式下，取代漢室，登上帝位，建立了新莽王朝。王莽的政治生涯的巔峰，和整個漢帝國儒家知分子們的政治理想國的巔峰，同時來臨了。整個長安城都籠罩在歡樂的海洋裡，巨大的幸福感重重地擊在儒家知識份子們的胸口，禪讓終於在當代重現，一個「內聖外王」的領袖已然誕生，一個嶄新的周公時代來臨了！（此為一說，一說為王莽篡位，本書僅代表作者立場）

禪讓，是儒學中唯一與所有權相關的政治理論。自堯、舜、禹三代以來，禪讓一直都只是個美麗的政治傳說，從未有人將其完整地付諸實施過。王莽由於自己的完美道德形象，在獲得了漢帝國絕大多數的輿論支持之下，順應民意和平接受禪讓登上帝位。

王莽是試圖獲取「所有權」的儒家第一人，也是獨一人。不幸的是，王莽最後失敗了。王莽和他的新莽政權，是中國歷史上最大的悲劇之一。王莽政權誕生的背後，承載著漢代儒家知識份子孜孜以求的政治理想。這一政治理想，可

以說是中國數千年帝制時代，最有道統擔當感的政治理想。

新王朝的潰敗，是中華文明的一個重要轉捩點。自王莽之後，儒家專注依附，不再尋求當家作主了。他們高呼「為天地立心，為生民立命，為往聖繼絕學，為萬世開太平」，卻再沒有了擔當的自信，只能將責任和命運寄託在「明主」身上。

自宋代以後，儒家弟子一直在政權中擁有巨大的影響力。然而，他們再也沒有試圖打破「普天之下」，成為自己命運的所有者，獲取夢想和行動的真正自由。在這期間，鐵木真、朱元璋、李自成、皇太極、洪秀全、袁世凱等人都曾站出來引領風騷。這些人的相同點只有一個：他們都不是儒家弟子。

▍明末江南，資本主義萌芽因何凋零？

專家們認定：明朝末期，在中國江南地區出現了資本主義萌芽。因為當時出現了雇工，出現了資本主義的生產關係，即雇傭和被雇傭的生產關係。有了這個生產關係，就代表著資本主義萌芽開始出現了。那麼後來呢？專家們尷尬地說：後來就沒有了。

為什麼西方的資本主義萌芽能夠開枝散葉、可以工業革命，而中國的資本主義萌芽卻落得個寂寞凋零的下場呢？

對此專家們曾經指出了許多原因，但是，其中既沒有決定性的答案，也沒有決定性的原因。關於這個問題，筆者的回答是：分工！是分工意識上的差異決定了資本主義萌芽的命運。

亞當斯密的「國富論」and 瓦特的「蒸汽機」

對於人類文明，分工具有極端重要的意義。我們知道，分工與合作是社會勞動的兩個側面，有分工就有合作，分工越是發展，生產專業化程度越高，合作也就越加發展和密切。分工合作的產生和發展，意味著人們改造自然能力的加強，是文明發展的核心要素。

分工意識，就是人們對於社會分工的態度和認知。早在幾千年前，人們就已經有了明確的社會分工意識。「男主外，女主內」、「勞心者治人，勞力者治於人」，就是分工意識在社會生活中的具體反映。分工意識和合作意識一道，共同構成文明社會的勞動意識，是文明存在和發展的基石。

《國富論》（*The Wealth Of Nations*）。作者：亞當斯密（Adam Smith）。首次出版在西元 1776 年。全書名：《國民財富的性質和原因的研究》。被譽為：西方經濟學的聖經、經濟學的百科全書、影響世界歷史的十大著作本書之一、影響人類文化的 100 本書之一。

　　書中總結了近代初期各國資本主義發展的經驗，批判吸收了當時的重要經濟理論，對整個國民經濟的運動過程做了系統的描述，被譽為「第一部系統的偉大的經濟學著作」。此書出版後引起大眾廣泛的討論，影響所及除了英國本地，連歐洲大陸和美洲也為之瘋狂。

　　《國富論》的首次出版標誌著經濟學作為一門獨立學科的誕生，在資本主義社會的發展方面，《國富論》起了重大的促進作用。

　　據說當時英國政府的許多要人都以當「斯密的弟子」為榮。國會進行辯論或討論法律草案時，議員們常常徵引《國富論》的文句，而且一經引證，反對者大多不再反駁。《國富論》發表之後，被譯為多國文字，傳到國外，一些國家制定政策時都將《國富論》的基本觀點作為依據。

　　分工意識的重要性，在《國富論》一書中有著充分的表現。該書的第一篇第一章就是「論分工」。亞當斯密認為社會分工使國民財富增長社會進步，分工使人的專業能力不斷增強、專業技能不斷提升，分工與合作使人類社會不斷進步，人類認識自然、戰勝自然的能力不斷增強。同時，他認為人生下來是平等的，社會分工使人產生了差別。亞當斯密的闡述，讓西方人明白了分工的意義。

　　分工意識的提升，對西方人在政治經濟等方面的決策構成了直接影響，促進了西方文明的進步與發展。我們知道，

人類的第一次工業革命是在英國爆發的，寫《國富論》的亞當斯密是英國人，發明蒸汽機的瓦特也是英國人。三者的時間順序是這樣的：《國富論》出版於西元 1776 年，瓦特（James Watt）的蒸汽機投入使用在西元 1785 年，而工業革命的爆發則還要晚些。由此可見，瓦特和工業革命出現在英國絕非偶然。事實上，在蒸汽機出現和工業革命發生之前，亞當斯密對於分工進行了正確闡述，且為英國人所廣泛接受，這對於後兩者具有相當重要相當積極的作用。舉個反面例子，明朝初葉，中國人放棄開發一種精巧的水力驅動的紡紗機，從一場產業革命的邊緣退了回來，理由就是將會造成大批手工業者失業。顯然，錯誤決策的根本原因就是 ── 分工意識。中國人的合作意識太強，而分工意識太薄弱。在這樣的社會環境下，人們「保護舊合作方式，扼殺新分工形成」的決策，不但正確而且正義。從這個角度來看，有人說：「如果瓦特早出生一百年，他和他的發明將會一起死亡！」非常有道理。

在人類歷史上，新分工是很難產生的，出現的過程也是十分的緩慢，對社會的意義往往需要過了數十年、上百年才會為有心人所發現。因此，對於社會上的絕大多數人來說，他們能夠清楚地意識到自己的職業、以及無所不在的合作，卻幾乎覺察不到分工的存在和發生，更不要談什麼分工的

意義了。因此，一個如同牛吃草、貓吃魚一樣自然的行為產生了：人們大力宣傳和弘揚合作，分工則被完全忽視了。換句話說，人們的分工意識被壓制了。而分工意識的薄弱，反過來又會使得新分工的產生更加艱難、出現的過程更加漫長。從而形成一個「分工循環」，讓文明永遠停留在某一個階段。

新分工的產生需要新集體新領導者。令人遺憾的是，新集體新領導者必然會和舊集體舊領導者發生矛盾；更令人遺憾的是，當合作意識成為社會正義的代名詞時，舊集體舊領導者將是不敗的。而這意味著：舊的合作形式將得以維持。山還是那座山，集體還是那個舊集體；人還是那個人，領導者還是那個舊領導者；而新分工會被認定為個人利益，注定得不到任何支持，包括道義上的支持。

分工意識是決定性的。從文明可塑性角度來看，文明自身會有進行多姿多彩變化的可能性，就像孫悟空的七十二變。而從文明動力角度來看，如果分工意識充分，文明就彷彿是那個能扯「筋斗雲」的孫行者，動力十足；如果分工意識不足，文明就彷彿憑藉本能翻筋斗的孫猴子，動力強弱就看天賦；如果喪失了分工意識，那麼，文明就好比五行山下的齊天大聖，空有一身本事，卻一步動彈不得。

沈百萬的「當家作主」and 朱元璋的「各安其生」

　　一個文明，其分工意識的強弱與否，與其具體文化環境息息相關。在理想情況下，新理論、新技術、新領域、新工具、新材料等新事物的誕生必然會帶來新的分工，而新分工也必然會促進這些新事物的進一步發展。然而，在現實生活當中，新分工的誕生卻不是一帆風順的，它必須先禁受得住文化的考驗。舉例來說，在反墮胎的文化環境下，涉及避孕和生育的社會分工將會難以發生。

　　在儒家中國，新分工的誕生必須要先禁受得住中國人自由觀的考驗。「普天之下」主觀上強調的是所有權，強調的是人們的歸屬，然而在客觀上，事情卻遠非那樣簡單。古語云「城門失火殃及池魚」。事實上，所有權的問題，還意外地殃及了中國人的分工意識。這道緊箍咒，嚴重地抑制了中國社會分工的產生、形成和發展。

　　在西方人看來，自由就是一種權利。這種權利是別人不可以剝奪的，像吃飯、上廁所一樣是每個人的自由，是一種天生的權利。這種權利是對所有人一視同仁的，是平等的。然而，「普天之下」之下，中國人經常錯誤理解為自由是一種特權，人家讓你有就有，讓你沒有就沒有。這一下問題就來了。因為人們認為，有些自由，即使人家沒有明令禁止，也不是你所應該做的。就比如說，開創新的社會分工。

　　首先，「普天之下」之下，中國人產生了一些特有的思想自覺。比如說，人們將自己的願景依託在他人身上，而不是放在自己身上；比如說，人們把決策權交給他人，而不是由自己來擔當；還比如說，人們放棄了角色的自主權，由他人為自己設定。有則笑話：「問：為什麼孫悟空能大鬧天宮，卻打不過路上的妖怪？答：大鬧天宮時碰到的都是給玉皇大帝打工的，所以大家都是意思意思，不是真的賣命；在路上碰到的妖怪都是自己出來創業的，所以比較拼命。」笑過之後，人們不得不思考：開創新分工，果真是既沒有責任感又沒有使命感的打工仔就能做成的事業？

　　其次，「普天之下」之下，開創新分工這種改變社會面貌的事情，是沒有人敢做這個主的。因為人們自知不是社會的所有者。那麼誰才有權做主呢？當然是所有者 —— 君王。打個比方，你如果將自己的房子租給別人，當然不希望租戶私自進行改造，這一點租房的人也會心知肚明，行為自然會有所約束。在傳統中國，君王和臣民之間，就存在類似的「潛規則」。元亡明代，國家貧乏萬事待興，建築首都南京城時經費不足，巨富沈百萬提出自己掏錢，承諾出築城經費的一半，並拿出大筆銀子犒賞南京的十幾萬守兵，結果朱元璋一道聖旨就沒收了沈百萬的家產。為什麼？有些事情不是臣民可以做主的，有些規則不是臣民能夠觸碰的，臣民的私產不是君王不可侵犯的。

最後，「普天之下」之下，只有極少數人，比如說那些君王們，才能擔負開創新分工的使命，其他人只有為君王服務的使命，執行從屬於君王使命的任務。那麼，君王們在社會分工方面的成績又如何呢？從古至今，中國數千年的帝王社會，明君和邪帝都不少，「分工」帝卻是一個也無。朱元璋說：「古先哲王之時，其民有四，日士、農、工、商，皆專其業，所以國無遊民，人安物率，而致治雍雍也。膚有天下，務俾農盡力畎畝，士篤於仁義，商賈以通有無，工技專於藝業。所以然者，蓋欲各安其生也。」對於中國君王而言，分工就是四民「各安其生」，君王安於自己的「生」──「所有權」。這是分工意識嗎？說是合作意識還差不多。這裡有開創新分工的願景嗎？答案是不言自明的。

在西方文明中，強調「人是上帝創造的」，所以人是上帝的僕人，必須要聽上帝的話。好在西方文化還認為：上帝給人以自由意志，賦予人以世界的管理權，並保護人的私有領域。因此，在西方文化背景下，人們的社會分工行為並沒有受到太大的桎梏，至少在私人產權名下是這樣。而在中華文明中，強調「人是王所有的」，所以人是王的子民，必須要聽王的話。不幸的是，君王並沒有給人自由意志和世界的管理權、也不存在所謂「不可侵犯的私有領域」。於是，文明的差異產生了。

二十四位理學大師俯伏在坐寶座的那位面前，敬拜那位統治者，又摘下他們頭上的冠冕，放在寶座前，高唱：「我們的主，我們的陛下，你配得上榮耀、尊敬和權能，因你擁有著萬物，萬物都因你的旨意被擁有而存在。」

看著在階下手舞足蹈、山呼萬歲的人們，但凡有點理智的中國君王都會說：「得之則萬物我有，失之則一無所存。所有之道，君王之道也。」什麼是分工？對於中國的君王來說，「所有」才是他的分工，世上最大最榮耀的分工。

第六章 「普天之下」—自由觀的咒語

第七章
「天生聖人」——信仰觀的咒語

西元前 479 年，周敬王四十一年，孔子去世，弟子喪三年。此後兩千餘年，歷代帝王為彰顯對孔子的尊崇，不斷追封追諡，孔子身後極盡哀榮。

（西元元年）西漢元始元年，追封「襃成宣尼公」

（西元 492 年）北魏太和十六年，稱「文聖尼父」。

（西元 581 年）隋開皇元年，稱「先師尼父」。

（西元 739 年）唐開元二十七年，封「文宣王」。

（西元 1055 年）宋仁宗至和二年，改為衍聖公。

（西元 1307 年）元朝大德十一年，加銜「大成至聖文宣王」。

（西元 1530 年）明朝世宗嘉靖九年，尊「至聖先師」。

（西元 1645 年）清朝順治二年，尊「大成至聖文宣先師」。

（西元 1935 年）中華民國二十四年，尊「大成至聖先師」。

古人這樣評價孔子：「天不生仲尼，萬古如長夜。」對於傳統中國而言，孔子就是照亮萬古的太陽。人們在孔子光芒之下，匍匐敬拜，不敢仰視。如果說中國只有一個統治者，那一定是孔子。如果說中國只有一個領導者，那也一定是孔子。孔子就是中國人的信仰。

▎信仰觀的決斷：信仰 or 理性？

說起文化，談及文明，理性與信仰都是無法逃避的話題。

一般的說法，理性是一種認知能力與認知方式。人們透過理性對經驗進行歸納與演繹，求取對事物相互關係的認知。理性最初發端於古人對因果關係的追尋。而在人們把事情的起因認作是某種神祕力量的作用時，就走向了信仰。

一個鄭國人要去買鞋。他先量好自己腳的尺寸，然後就把尺寸放在了自己的座位上。到了去集市的時候，他卻忘帶了量好的尺碼。等他拿到了鞋子，才發現自己忘記帶量好的尺寸。於是趕緊返回家去取尺碼。可惜的是，等到他返回來的時候，集市已經散了，他最終沒有買到鞋。

有人問：「你為什麼不用你的腳去試試鞋呢？」

他回答說：「我寧願相信尺碼，也不相信自己的腳。」

信仰，是指對人們對某種理論、學說、主義的信服和尊崇，並把它奉為自己的行為準則和活動指南。信仰的本質是相信其正確，甚至寧願相信其正確，不在於其是否真實正確。所以，信仰無所謂真假，有信仰本身就是一種價值，因為堅持這種信仰使自己有所追求、有所寄託。

鄭人買履的故事與信仰有著異曲同工之妙。當一個人出於自身的某種特殊原因選擇或持有了某一信仰，他就會在自己的行為中徹底地遵從該信仰，而不會再顧忌本身的具體情

況了。在故事中，鄭國人寧可相信尺碼，也不相信自己，就是這個原因。

與理性相比，信仰在一個文明中，在一個人的社會生活，具有更加重要的作用。在如今這個理性崇拜的時代，人們往往過高地估計理性的作用。事實上，在人們日常生活與交往中真正占據主導作用的不是我們所想像中的理性，而是不可理喻的日常情感與信仰。關於這一點，我們從鄭人買履故事中可見一斑。

從歷史上看，迄今為止，在世界上影響最深遠的人物，既不是科學家，也不是政治家，而是信仰的締造者。《論語》、《聖經》、諸種佛典，它們所提供的也都不具嚴格的理性意義。人類歷史反覆地向我們證明，提供理性說明的著作或人物，總要被遺忘，而締造信仰的著作與人物，即便一次一次宣布被打倒了，卻能一次又一次重新復活，重新贏得敬崇。這就是信仰的力量。

中華民族是一個偉大的民族，其有記載的歷史一直可以追溯到傳說中的遠古。她是世界上唯一至今尚存的古老文明，從未被任何民族，從她自古生存的那片土地上驅逐出去。對此事實，我們該如何解釋呢？到底是一種什麼樣的神祕力量在支撐著這個古老的民族？在所有的民族都必然走向衰落、滅亡的宇宙命運面前，中華民族為什麼成了一個例外，一直保持著如此頑強的生命力？

　　所有對此作過調查的學者都一致認為：中華民族依靠的是儒家的道德力量。一位學習歷史的人或善於觀察的旅行家，只要了解人的本性，無不對儒家奇蹟般的道德約束力肅然起敬，這種約束力從古至今都發揮著巨大的作用。有學者說：「儒家對中華民族在追求理想人格，善良人性方面的影響，無論作何評價，都不過分，它所描繪的極高的道德標準對後世產生了不可估量的影響，以至於整個民族都要接受這一標準的評判。」還有西方研究者稱：「儒家在作為人的責任方面的精彩教誨，實在令人讚嘆，它所推崇的四個方面的教誨──文質彬彬、謹守道德律令、關注精神、誠實，其中有三個方面是和摩西律法及福音書教誨是一致的，以此為標準建立的世界，必將是一個美好的世界。」

　　對於中國人來說，儒家就是自己的信仰，而孔子則是中國人信仰的核心與焦點。他往往寧願相信孔子的說教，也不願意相信自己的實際經驗，這便是儒家信仰。

　　在文明衝突論中，杭亭頓（Samuel Phillips Huntington）認為，冷戰後世界衝突的基本根源將不再是意識形態，而是文化方面的差異，主宰全球的將是「文明的衝突」。亨氏的觀點是否正確姑且別論，東西方文明之間的文化差異是客觀存在的，是不啻於鴻溝一般的巨大差異。那麼，我們該如何解釋這些差異呢？造成這些差異的根源究竟是什麼呢？一切都是源自信仰觀的差異。

什麼是信仰觀？我們知道，信仰是人們對某種理論或學說的信服和尊崇。也就是說，人們認為該理論或學說就是真理。因此，信仰觀也就是人們對於「何為真理」、「真理來自何處」、「為什麼它是真理」等問題的認知。簡而言之，信仰觀就是我們關於真理的認定標準。

關於信仰觀，東西方文明之間涇渭分明。簡單地說，西方人認為：理性是真理的源泉，因為只有理性才是可靠的。中國人認為：聖人的話語是真理的源泉，因為聖人是不會錯的。信仰觀上的這一基本分歧，讓東西方文明的道路再也無法交通。從此，西方世界成為理性的王國，而中國則成為聖人的世界。

亞里斯多德說：「最初偏離真理毫釐，到頭來就會謬之千里。」千百年過後再看，世界不再是天各一方，而是天上人間。追根究柢，全在這三個字 —— 「信仰觀」。

▍人皆可為堯舜

一個文明有賴於一個族群的普遍信仰。普遍信仰是由一些普遍信念系統組成的。正是有這些普遍信念，每個時代的人都在一個由相似的傳統、意見和習慣組成的基本環境中成長。人們的行為首先受他們的信念支配，也受由這些信念所形成的習慣支配。這些信念調整著我們生活中最無足輕重的

行動，最具獨立性的精神也擺脫不了它們的影響。

偉大的普遍信仰數量十分有限，比如佛教、基督教、伊斯蘭教等。它們是文明不可缺少的柱石，它們提供了文明的基本理念，它們決定著各種思想傾向，它們的興衰是文明歷史上令人矚目的事件。普遍信仰，是文明的真正基礎。宋代以後的中國，人們的普遍信仰就是自認傳承孔孟道統的理學。

長眠在墳墓深處的佛陀、耶穌、還有穆罕默德（Muhammad），他們也許算不上統治者，然而，他們還活在人們的心靈深處，實行著比君王更深刻的統治。因為他們一直在不知不覺中支配著我們的頭腦。孔子孟子就是這樣的統治者，中國人心中最強大的統治者。為什麼這樣說？因為，他們為每個中國人做出了他的人生抉擇；他們指引著後世中國的方向和道路；他們就是中國人的聖人。

西方傳教士來到中國。向中國人傳福音。

「信仰上帝吧！」、「為什麼？」

「因為上帝是天地萬有的創造者。」、「不對。天地是亙古就有的。」

「因為上帝是歷史的主宰。」、「不可能。歷史一直是循環往復的。」

「因為上帝要拯救他的百姓，赦免他們的罪孽。」、「我們性本善的，自我修行就可以了。」

「上帝視人為寶貴。」、「不對。天是最寶貴的，人要追求和天混一。」

「愛是最重要的道德，上帝是愛的源泉。」、「不對。仁是最重要的，仁是人生下來自帶的。」

「這些都是你的看法？」、「當然。更重要的是，這是聖人的教導。」

「你到底是信神說的話，還是信人說的話？到底神高明，還是人高明？」傳教士都要崩潰了。

中國人回答道：「上帝我是尊敬的。但聖人說：對神，我們要敬而遠之。」

杜斯妥也夫斯基（Fyodor Dostoevsky）曾說：「若無上帝，孰不可為！」索忍尼辛（Aleksandr Solzhenitsyn）則如此總結蘇聯的歷史：「忘記了上帝，這就是一切災難的總根源。」在中國，上帝就是聖人，而聖人就是人間的上帝。「上帝在人間」，這就是中國人信仰觀的核心特徵。

對於聖人，中國人的態度是莊敬端正的。人們並不滿足於崇拜，而是要用聖人的好壞是非善惡標準來指導自己的生活。亞里斯多德說：「沒有一個人能全面把握真理。」而在中國人看來，聖人能全面把握真理；愛因斯坦說：「探索真理比占有真理更為可貴。」而中國人認為，徹底地把握和實行聖人的話語是最可貴的；愛因斯坦說：「追求客觀真理和知識是人的最高和永恆的目標。」而中國人覺得，不恪守聖人的教

誨，那就是禽獸。

中國人普遍認為：聖人是存在的，這是不以我們的意志為轉移的；聖人是不會錯的，聖人的話語就是真理；聖人是用來信仰的。這就是「天生聖人」緊箍咒，中國人信仰天空上的緊箍咒。

（表）「天生聖人」緊箍咒

	時代	關鍵人物	事件 ‖ 箴言 ‖ 著作
朦朧期	春秋	孔子	《論語》：儒家「聖人」概念誕生。 「君子有三畏，畏天命，畏大人，畏聖人之言。」 「若聖與仁，則吾豈敢。」 「太宰問於子貢曰：「夫子聖者與？何其多能也。」子貢曰：「固天縱之將聖，又多能也。」」 《春秋穀梁傳》：儒家經典之一。孔子門人對《春秋》的注解。 第一次明確提出「忌諱」理念。 「春秋為尊者諱，為親者諱，為賢者諱」
萌芽期	戰國	孟子	《孟子》：「成聖」意識開啟。聖人由尊稱變學說。 「聖人，與我同類者。」 「人皆可為堯舜」
傳播期	唐	韓愈	〈原道〉：韓愈獨尊孔子之道，並推崇孟子為先秦儒家中孔子學術的衣缽傳人。開始了孔子、孟子及孔孟理論的「升格」運動。

主流期	北宋	趙匡胤 趙光義 張載	趙匡胤：「設科取士，本欲得賢以共治天下。」 趙光義：「天下廣大，卿等與朕共理，當各竭公忠，以副任用。」 趙氏兄弟做出「與士大夫共治天下」的選擇。 孔孟地位提升獲得官方支持，儒家復興； 張載：將「成聖」和「天人合一」連繫在一起，賦予其無上的人生意義。 「儒者則因明致誠，故天人合一，致學而可以成聖，得天而未始遺人」。 宋儒開始用「內聖外王」解釋儒學。「內聖」成為儒學主體思想。
教化期	宋元 明清	朱熹 趙昀 朱元璋 王陽明	《四書集注》：南宋，朱熹師承二程，旁攝周敦頤、張載，全面系統整理宋代理學，同時將《大學》、《中庸》與《論語》、《孟子》並稱「四書」，編訂注釋，列為儒學必修； 趙昀：宋理宗嘉熙年間，《四書集注》被指定為科舉考試教材，理學正式成為官方學術，儒家《五經》地位為孔門《四書》取代 ※。 孔子從儒家聖人開始走向中國聖人； 朱元璋：「寰中士夫不為君用，是自外其教者，誅其身而沒其家，不為之過。」、「不為君用即為罪」令儒家弟子必須科舉出仕，使《四書集注》由必考書至必讀書。 中國人從儒學生徒開始走向孔教信徒； 王陽明：開創「心學」，強調「滿街皆是聖人」。 「內聖」宗教化世俗化。

※ 漢代五經博士中的「五經」，是指儒家的《周易》、《尚書》、《詩經》、《禮記》、《春秋》。僅有《禮記》、《春秋》兩經與孔子有關。《禮記》中有部分記載孔子言行，《春秋》據說是孔子修訂版。

《四書集注》中的「四書」，指的是記載孔子及其弟子言行的《論語》，孔子弟子曾參的《大學》，孔子的孫子子思的《中庸》，孔子之孫子思的再傳弟子孟軻的《孟子》。因此，與其說「四書」是儒學，不如說它是孔門儒學。

「歪打正著」的孔聖人

孔子本人對「聖人」的頭銜是敬謝不敏的。他曾說「若聖與仁，則吾豈敢。」當子貢奉承他「固天縱之將聖，又多能也。」他又說：「吾少也賤，故多能鄙事。君子多乎哉？不多也。」並非神，在人們眼中，卻勝似神；並非上帝，在人們心中，卻強似上帝；偏偏自己並非神或上帝，也未自以為是神或上帝。這便是孔子身上的「聖人悖論」。

從前，有四個盲人很想知道大象是什麼樣子，可他們看不見，只好用手摸。胖盲人先摸到了大象的牙齒。他就說：「我知道了，大象就像一個又大、又粗、又光滑的大蘿蔔。」高個子盲人摸到的是大象的耳朵。「不對，不對，大象明明是一把大蒲扇嘛！」他大叫起來。「你們都在亂講，大象只是根大柱子。」原來矮個子盲人摸到了大象的腿。而那位年老的盲人呢，卻嘟嚷：「唉，大象哪有那麼大，它只不過是一根草繩。」四個盲人爭吵不休，都說自己摸到的才是真正大象的樣子。而實際上呢？他們一個也沒說對。

大千世界，沒有人能說清楚它到底是怎麼回事，即便是現今也做不到。另一方面，無數世代、無數文明中的無數驚才絕豔的人們試圖要搞清楚大千世界的真面目。如果你讀了「瞎子摸象」的故事，你一定會說：他們不可能搞清楚。如果你認同亞里斯多德的觀點「沒有一個人能全面把握真

理」，你也一定會說：沒有人可能做到。然而，突然有人大喊：孔子，春秋時代那個破落貴族，他搞清楚了這個問題！你我應該相信他嗎？

孔子是好古的。孔子的先人是殷商王朝的王室成員微子。他在殷王朝向周王朝轉化的過程中曾發揮重要作用，受到周王朝的重用，被周成王封為宋國的國君。作為微子的後人，孔子是有貴族血統的。而作為破落貴族，對先祖產生仰望，對先祖光輝的時代產生憧憬是人之常情。可以這樣認為，孔子的祖先崇拜是和他的出身密不可分的。

孔子是忠君的。在孔子之前，「忠」既可以指下對上和平常人相互之間，也可以是指上對下、君對民的。也就是說，在孔子之前，有明確的「忠於民」的思想。而在《論語》和《左傳》中有關孔子言論可靠的記述中，沒發現有「忠於民」的言論或思想。《論語》中「忠」字出現了十八次，唯一有可能與「忠於民」搭上邊的只有一句話，且相當牽強。我們知道，孔子一直在醉心與政治，曾侍於齊國，後在魯國出仕，初為中都宰，一年以後又做司空，後為大司寇。可以認為，孔子的忠君思想和他的臣僚身分是分不開的。因為，孔子若是如穆罕默德那樣是一名商人，或是如釋迦摩尼那樣是一位王子，或是如耶穌那樣是一個木匠，只怕他很難有如此強烈的忠君思想。

　　孔子是不言利的。孔子是魯國人。魯國一直是個農業國家，雖然官營手工業很有傳統，但在觀念上反對「奇技淫巧」。沒有資料記載魯國出現過大都市，也沒有資料記載魯國有過成文法，而且迄今為止考古工作者還沒發現有魯國的貨幣。當時很多國家都發展起各具特色的地方思想文化，齊國臨淄後來還是各家思想文化彙聚中心；而魯國除了傳統的詩書禮樂外，沒有任何新的思想文化。孔子生長在這樣一個國家，他的思想中具有強烈的農業社會意識、憎惡帶商業活動色彩的「利」字也就不奇怪了。

　　孔子是好禮的。孔子最佩服周公。他認為，周公所制的禮樂，是萬世不變的永恆法則。孔子的夢想，便是要以這種禮樂的恢復，來實現對當時社會的改造。我們知道，魯國君主是周公的後裔，魯國也是周代禮樂的傳承者，是先秦諸國中最具繁文縟禮傳統的國家。孔子作為魯國人，要說他的好禮沒有受到魯國自身傳統的影響，那是說不過去的。

　　孔子的一生希望能夠恢復西周的禮樂，也有一些人認為他只是以復古的名義鼓吹一種新的世界秩序。我們知道，孔子生活的時代，是一個禮崩樂壞、諸侯亂戰、大夫擅權、人民困苦的時代。可是，我們設想一下，如果那個時代是一個類似於文景之治、康乾盛世的「治世」，難道孔子還會對恢復禮樂秩序這樣的政治理想那麼感興趣嗎？無疑，當時的歷史環境也給孔子以相當的影響。

　　任何思想家都有其局限之處，孔子也不例外。孔子雖然偉大，卻依然不是站在人類的角度上在觀察大千世界。作為大貴族的後裔，孔子生活在一個講究禮儀的農業國家、從事一份直接向君王負責的工作、處在一個禮崩樂壞、弱肉強食的大時代、還想要在政治上有所作為的一位古人，他所看到的一切都不可能脫離他自身的視角，他的所作所為也都不可能逃脫自身所處時代大環境和周圍小環境的束縛。然而，在歷史上，孔子以一介肉眼凡胎最終成就了聖人。

　　「孔子的成聖」，是中華文明的一件大事。它深刻地改變了中國，因為它從根本上改變了中華文化：其一，人取代了神的地位。孔子本人是敬神的，然而，後世人卻敬孔子勝過敬神；其二，孔子開始了自己的文化和思想統治；其三，「天生聖人」的形成，為後人們開闢了道路。後世中國人可能不再敬孔子了，但是他們不會再去敬神，他們會再建立起一個新聖人來頂禮膜拜。

「為尊者諱」的小孩子

　　有人說：「我們不能指責孔子。因為任何思想家都有局限之處。」這句話後半段是對的，然而，我們卻不能說：孔子本人沒有責任。事實上，聖人悖論（即人的神化），與孔子是脫不開關係的。確切地說，「人的神化」來自於孔子的

「為尊者諱，為親者諱，為賢者諱」理念。簡稱：忌諱理念。

　　忌諱理念是孔子為人處事的原則和態度。通俗點的解釋就是：對於有身分地位的人、長者、有名望的人，他們的豐功偉業可以大講特講，而他們做過的不太體面的事或者壞事不能提也不能講，否則就犯了大忌。也就是說，即便他們做了壞事，我們也會視而不見聽而不聞，更不會去向外傳播。

　　「天生聖人」，講的就是：注定會有局限性的人，比如孔子，成為了句句是真理的人間上帝。而孔子的忌諱理念，就是該緊箍咒的源頭活水。孔子能夠走上聖壇，與忌諱理念的巨大威力是密不可分的。那麼，這個看似不起眼的忌諱理念，其中的奧祕何在呢？

　　首先，忌諱理念使得孔門弟子將孔子視為聖人。孔子顯然不是聖人，因為他的話並不都是對的。春秋時期的墨家和法家都是從儒家分裂出去的，這已經足夠說明問題了。然而，聖人理論的出現和興盛證明，孟子、朱熹等孔門弟子完全沒意識到這一點。如果我們相信他們是絕頂聰明的人，那麼，不會是他們自己在裝傻，只能是他們繼承了孔子忌諱理念。

　　其次，忌諱理念讓統治階層樂於維護孔子的聖人地位。「為尊者諱，為親者諱，為賢者諱」這樣的理念，沒有一位統治者會忍心拒絕，也沒有一位統治者會不願意去大力提倡的。

童話故事《國王的新衣》中，一位國王每天不做正事，只顧著穿華麗的衣服，後來被騙得團團轉，光著身子跑到街上遊行。讓我們設想一下，如果這個故事發生在遵行孔聖人「忌諱理念」的社會環境下，結局將會如何呢？

「可是他什麼衣服也沒有穿呀！」一個小孩子最後叫了出聲來。

「孩子。即便皇帝什麼也沒穿，你也不該說出來的。要記住：為尊者諱。這是聖人的教導。」爸爸說。周圍的人紛紛點頭，表示贊同。小孩子的話就此湮滅在遊行當中了。

聽到了這對父子的話，皇帝終於把一顆心放在肚子裡，繼續他的遊行。不過他自己心裡卻這樣想：「孔子太偉大了，不愧是聖人啊。」

對於統治者而言，無論自己的權力來路有什麼問題，自己的能力和表現有什麼問題，憑藉「尊者」這頂帽子，他們就擺脫了人們對自己權力的合法性合理性、行為的正義性正當性以及個人能力的一切質疑。可以說，這份大禮實在是太貴重了，沒有哪位統治者能夠拒絕。而孔子，作為忌諱理念的創始者，沒有哪位統治者不想把他當作聖人供起來。這一點，後世對孔子不斷的追封追諡就是最好的證明。

再次，孔子既是中國「天生聖人」緊箍咒的始作俑者，也是最大的受益者。孔子能夠在聖壇上待那麼久，仍然是拜忌諱理念之所賜。有宋往後，聖壇上的孔子，乃是集尊者、

親者、賢者於一身的存在，對於中國人而言，他的一切言語行動根本是不容置疑的。

最後，忌諱理念正帶動孔子復歸聖壇。時至今日，人們仍然不能正確地看待孔子。根深蒂固的忌諱理念，使得儒學專家們樂於大力宣揚孔子的優點，而將孔子的缺點草草幾筆帶過。說實話，這個時代專家實在是太多了。即便每個專家只說一個優點，人們所看到的依然會是一個全是優點、金光閃閃的「孔子」。現如今，孔子正在上演聖人歸來，又已經離聖壇不遠了。這一奇蹟，無疑還是忌諱理念的奇蹟。

中華「聖人」之力

「天生聖人」緊箍咒，就是中華文明在程朱理學的「聖人」信仰觀下，於北宋時期形成的一種基本精神文化特徵。在它的影響下，中國人形成了兩個價值取向：其一，聖人之言是檢驗真理的唯一標準；其二，中國人喜歡結論及應用，不喜歡思考及分析。

檢驗真理的唯一標準

中國人認為，聖人的話是檢驗真理的唯一標準。

19 世紀之前，歐洲人對神祕中國除了長期的傾慕與嚮往之外，還懷有某種程度的敬畏與恐懼，這也許是歷史上蒙

古西征的後遺症吧。清朝中後期，隨著東西方貿易的不斷增加，來華的西方人也越來越多，對中國人的認知也越來越深。中國人，終於從傳說中走了出來。

中國人的真實形象到底是怎樣的呢？有位傳教士這樣寫道：

對中國人來說，外國人的技藝既令人感興趣，又令人吃驚，而且以後若用得著，他們不會忘記和拒絕使用；但這絕不意味著在這些方面他們要效仿外國人。成千上萬的中國人也許從來就沒有這樣想過。他們的理想人物是書呆子。這種人什麼都學，什麼都不會忘記，擁有多個學位，學習刻苦，廢寢忘食，雖有幾寸長的手指，卻不會做事（除了教書）；正是這樣，才保持了靈魂與肉體的統一，成了不食人間煙火的超人。

「什麼都學」、「什麼都不會忘記」、「學習刻苦」、「廢寢忘食」、「不會做事（除了教書）」、「靈魂與肉體的統一」、「不食人間煙火的超人」，如果光看到這些特徵描述，我們會不禁懷疑：這不是在說孔子嗎？等知道真情後，我們就會驚訝於一個事實：中國的知識階層竟然都擁有與孔子類似的內在精神和外在形象特徵。這是怎麼回事？怎麼做到的？

中國歷史上曾經存在過一個文官考試制度，就是科舉制度。它是傳統中國歷代王朝透過面向整個知識階層的人才選

拔考試來選拔官吏的一種制度。該制度從隋代開始實行，到清末截止，一共經歷了一千三百多年。那麼，這個考試都考哪些內容呢？

問：這次考試沒考上怎麼辦？

答：回家教書。像聖人那樣。

問：考慮過「死」的問題嗎？

答：沒有。聖人說，未知生焉知死。

問：有個部門，一個人業務很強，一個人道德高尚，他們誰適合當主管？

答：道德高尚那個。這是聖人的教導。

問：有朋友邀請你一同去遠方探險，你會去嗎？

答：不會去。因為我父母健在。聖人說：父母在不遠遊。

……

中國的科舉實際上考的就是聖人的思想。顯然聖人所表述的東西就是標準答案，全部答對了你也不見得會通關，然而有一處見解與聖人不一致的話，那肯定是毫無希望的。為了通過考試，儒家弟子們不得不天天學習聖人的言論行為，以求在各個角度各個層面上和聖人的見解保持一致。

「天生聖人」之下，人的一生就彷彿是一場科舉考試。在通向人生最終歸宿的路上，在每一個關鍵的分岔口，人們都作出了和聖人一樣的選擇。當你選擇了和聖人一樣的答

案，那麼你就選擇了一條已知的道路、走向了一個已知的地方。當然，由於天賦不一樣、出身不一樣、時機不一樣，同樣的選擇之下，有些人得到了更多的錢、或者更高的地位、或者更多更高的榮譽，有些人卻得到很少，甚至什麼也沒得到，但是，在思想上在精神上，這些人和聖人是息息相通的，在風度上在氣質上，他們和聖人是血脈相連的。——因為他們選擇了和聖人同樣的生命本質。

傳教士很可能會驚訝於儒家弟子的「千人一面」，中國人心裡卻非常清楚：無他，惟篤信爾。凡是聖人的決斷，他們都堅決維護；凡是聖人的說教，他們都不渝地遵循。如此而已。

吞噬萬有的黑洞

中國人喜歡結論和應用，不喜歡思考和分析。

孔子，作為中國人的信仰，統治中國人的頭腦長達數千年之久。經過漫長的歲月，忌諱理念深入人心，並在人們頭腦中形成如下邏輯：

1. 因為張三是尊者（親者，或賢者），所以，張三說的話都是真理，做的事都是對的。

2. 因為張三說的話都是真理，做的事都是對的，所以，張三是聖人。

3. 因為張三是聖人，所以我們要信仰張三，對張三的懷疑是大逆不道的。

可以看出，張三說的錯話、做的錯事，都被中國人的頭腦自動「忌諱」掉了。這一邏輯並不複雜，但是影響和作用之強，就連原子彈氫彈也無法比擬。因為它為聖人的誕生提供了最好的社會土壤。在這片土地上，絕大多數人相信聖人是存在的，極少數人想成為聖人，比如說朱熹王陽明，雙方的節拍一旦吻合，新聖人就脫穎而出了⋯⋯

「天生聖人」之下，中國人的懷疑能力日減，「對聖人的問題視而不見」的能力日強，於是聖人越來越多，也越來越正確。然而我們知道，沒有人會永遠正確，聖人也不例外。

孔子最崇拜周公。然而，周公一生的許多重大作為，與孔子的政治理想和道德觀念是相違背的。周公協助武王伐紂，是典型的「禮樂征伐自諸侯出」，名副其實的「犯上作亂」。這種「無道」的表現正是孔子最為痛心疾首的。周公攝政後，鎮壓管叔蔡叔的叛亂，誅滅管叔，流放蔡叔。在姬姓弟兄中，管叔排行第三，而周公排行第四，這是以弟殺兄，完全違背了孔子「子為政，焉用殺」的政治理念和兄友弟愛的道德準則，也開創了中國有文字記載的歷史中，骨肉相戮、手足相屠的惡劣先例。在孔子全部言論中，對周公的這些作為，沒見有一句評說。

在周公面前，孔子的核心價值標準全都失效了。更重要的是孔子居然會對此視若無睹，置若罔聞。孔聖人的表現絕非特例。在孔子面前，朱熹朱聖人，王陽明王聖人，他們的表現也是一般無二。在忌諱理念面前，連聖人都喪失了懷疑能力，更枉論一般人了。在聖人的國度，忌諱就像一個可以吞噬萬有的黑洞，讓所有的懷疑發生扭曲，讓所有的懷疑者消失得無影無蹤。這是無可否認的歷史事實。

既然聖人已經太陽般當空，真理已然擺在面前況且無可爭辯的正確，那麼我們還思考做什麼？分析幹什麼？於是，中國人做出了一項明智的決斷：牢記聖人的結論，並虔誠地將其應用到社會實踐中去。

可是，中國人的這一決斷，果真明智嗎？

有宋以來，中華文明的千年僵化，原因何在？

不能不承認，相對西方文明而言，中華文明是僵化的、停滯的。

伏爾泰說：「使中國人超過世界上所有民族的東西是：無論是他們的法律，他們的風俗習慣，或是他們的文人所說的語言四千年以來都沒有變過。」伏爾泰不是中國人，這一論斷並不準確，因為單就漢唐宋三個朝代來看，中國人的

法律、風俗習慣還是有相當大的改變的。但一個不爭的事實是，從宋代以後，中華文明陷入了長達千年的停滯。

千年停滯的後果是什麼？乾隆末年，在馬戛爾尼訪華後，一位著名的蘇格蘭雜誌的撰稿人寫到：「中國人的精神狀況可以成為最奇怪的研究課題，這將超過迄今為止最好的遊記而引起我們深入思考。這就是中國人，昔日他們還是人類無與倫比的精英，今天已降為人類學研究的奇物了。」

那麼，導致中華文明千年停滯的根源是什麼呢？有無數專家探討過這個問題，也得出過一些答案。其中，一點共有的見解是：中國人失去了自我質疑的能力。

猶太教的「孤獨一枝」VS 基督教的「開枝散葉」

在一神教中，猶太教的歷史最悠久，然而，猶太教文明自誕生以來至今已有 3,500 年，除了在基督文明影響下被動地進入近現代外，整個文明在 3,000 年內就沒有過變化，且僅限於猶太人內部。相比之下，猶太教的分支基督教卻大不相同。自基督教誕生以來，2,000 年間，在基督教軀體上先後創出了早期羅馬基督教文明、伊斯蘭文明、中世紀文明、天主教文明、東正教文明、基督新教文明。「文明衝突論」中杭亭頓所提到的七大現存文明中，有四大文明都與基督教密切相關，更有三大文明都被人們稱為「基督教文明」。

第七章 「天生聖人」—信仰觀的咒語

　　猶太教何以如此的僵化？其支派基督教又為何如此多變呢？追根究柢，是懷疑意識的差距決定了兩者的命運。

　　懷疑是人的一種自覺意識。每個人都有懷疑意識，差別只在於強弱及表現的方向方面。比方說，一個基督教徒絲毫不懷疑上帝，卻可能對天主教深表懷疑；一個科學家可能並不懷疑人類能夠進行太空旅行，卻懷疑外星人是否真的存在；一個新儒家對孔子頂禮膜拜，卻對朱熹為代表的宋儒嗤之以鼻等等。

　　懷疑就彷彿是一個免疫系統，對於一切社會事物，只要懷疑意識占了上風，人們就會對其產生一種完善、發展和提升的衝動。富一個事物處於合理區域時，懷疑意識通常是潛在的，而一旦事物出現問題它就會自動開啟，試圖以否定現存事物（中錯誤和不合理部分）的姿態，來推動事物的發展。當懷疑者在某一個行業達到一定比例時，這個行業就會蠢蠢欲動；當懷疑者在某一個階層達到相當數量時，該階層就會出現異動的潛流；當懷疑者遍布各階層各行業時，文明就會動力十足地上路了。

　　正是透過不斷的自我否定，也就是透過懷疑，文明才得以不斷地變化、發展和進步。「沒有懷疑就意味著僵化和停滯」，對於文明來說，這句話是再正確不過了。

　　猶太文明的問題就出在聖人信仰上。猶太教的基本教義有十三條，其中包括這樣四條：一、先知的一切傳述皆真實

無妄；二、摩西是先知中最偉大的一位；三、律法為神向摩西所傳，並無更改；四、律法不可更易。這四條明白無誤地告訴我們：摩西就像中華文明中的孔子，是猶太文明的聖人。

聖人在文明形成初期不但必不可少的，而且意義重大，因為文明是靠信仰建成的，而不是靠懷疑建成的。但是，文明一旦建成，事情就會走向反面：聖人的存在會嚴重制約文明的繼續發展和進步。

一方面，聖人的存在，使得人們無法懷疑，文明難以改變。猶太教存在著聖人，那就是摩西。在猶太教中，摩西從未受到過質疑。而從基督教的出現來看，不是人們不想和不能質疑，而是根本不容置疑。耶穌試圖質疑，被釘死在十字架上，聖徒保羅也在同樣的威脅下，被迫轉向非猶太群體進行傳教，這才有了基督教。

另一方面，聖人的地位越不重要，上帝人間性越弱，人們的懷疑精神就越強。「在基督教中，難道沒有聖人嗎？耶穌、聖保羅、聖奧古斯丁、聖約翰他們不都是聖人嗎？」有人表示懷疑。筆者以為，基督教和猶太教最大的不同在於：耶穌不是人，是神；摩西是人，不是神。

在基督教，耶穌被認定是神，與造物主三位一體的存在。「耶穌是神」這一認定，讓基督教的聖人群體集體貶值。有了神，聖人的價值自然就會大跌。因此，在基督教文

明中，從 A 聖人的說法換到 B 聖人的教導，在理論上都不
是大問題，在實踐上也不會影響其信仰。在歷史上，聖保羅
的新約神學取代摩西的舊約神學、阿奎那（St. Thomas Aqui-
nas）的證明神學取代奧古斯丁的信仰神學、馬丁路德的新教
神學取代羅馬教廷的天主教神學等就是明證。與基督教文明
不同，上帝人間性極強的猶太文明根本做不到擱置摩西的說
法，透過其他聖人的理念來認識上帝，因為他們的信仰是和
摩西同生共死的。換句話說，在基督教中聖人的地位不甚重
要，或者說，「上帝人間性」較弱，所以人們才可以去懷疑
舊的教化，天主教、新教等新的神學體系才可能出現並後來
居上。

　　在基督教文明內部，新教文明的發展遠遠強過天主教。
這是新教的懷疑意識強於天主教的有力證據。過去人們往往
把原因歸於西歐世俗勢力的強大，新教教會不夠強大等等，
然而根源不在這裡。在天主教，一方面聖人崇拜源遠流長，
另一方面強調和上帝的溝通必須經過教會神職人員進行。聖
人和教會都具有人間上帝的作用，他們的權威不容置疑。而
新教則強調「因信稱義」、「信徒人人都可為祭司」、「《聖
經》具有最高權威」三大原則。這是和天主教針鋒相對的，
新教各派共同的特點。實際上，這三大原則就是在滌除聖人
與教會在人間上帝般的存在和影響。相比天主教，新教懷疑
意識的強烈，正是其「上帝人間性」相對低落的正常表現。

美國文明是英國文明的後繼者。如果說美國人的懷疑意識強於英國人，相信很少有人會否認。如何來理解英美的這一差異？清教徒是其中的關鍵。清教徒，是指要求清除英國國教中天主教殘餘的改革派。清教徒認為《聖經》才是唯一最高權威，任何教會或個人都不能成為傳統權威的解釋者和維護者。歷史上，由於英國的宗教迫害，大部分清教徒都逃亡到了美國，成為美國的開拓者。所以人們說起清教徒，一般就是指美國的清教徒。清教徒決定了美國的建國精神，從源頭上就限制了聖人信仰。同時，美國立國後不久就制定了信仰自由的國策，這使得《聖經》，這一依然保留著少部分聖人影響和作用的偉大書籍，也失去了限制人們懷疑意識的能力。因為信仰可以是自由的。

什麼都可以信仰，就意味著什麼都可以懷疑。

亡國滅種 and 聖賢氣象

孔子是中國人的普遍信仰。這也意味著：孔子已經進入到我們的心靈深處，並透過我們的信念獲得我們頭腦的支配權，進而實現了對後世中國社會的領導。略想想，中國何其有幸啊：有位聖人一直守護著我們，為我們操舟弄槳，給我們遮風擋雨，還為我們指明方向。還有比這更幸福的嗎？不錯。是很幸福。中國人一直是這樣認為的，直到清朝末年、西方文明來到中國。

19 世紀末，在東西方文明的撞擊中，古老的中華文明傷痕累累、毫無還手之力。於是，人們驚呼「三千年未有之大變局」，人們痛感「中華民族已經到了亡國滅種的邊緣」，人們對孔聖人的信仰開始動搖了，然後便是信仰的傾覆……

然而，中國人對孔聖人的信仰雖然破產，可信仰觀卻不是那麼容易改變的。很快，中國人便陸續信仰了另幾位偉人。顯然，中國人並沒有放棄自己的信仰觀，一直相信真理在人間，一直相信人間上帝的存在。這段時間，與其說中國人在尋找救國真理，不如說中國人在尋找人間上帝。

可惜新聖人們也讓中國人失望了。現如今舊的信仰失去了，新的聖人還沒有找到，中國是一片信仰的真空。於是許多人呼喚儒學的復興、孔聖人的復歸。可是，孔聖人果真能夠拯救中國人的靈魂嗎？更重要的是，中國人的信仰觀，中國人對聖人的信仰果真正確嗎？

奧古斯丁說：「肯定沒有人懷疑他的生活、記憶、理解、意願、思想、認知和判斷。至少如果他懷疑，他就生活著；如果他懷疑，他就記得他為何正在懷疑；如果他懷疑，他就理解他正在懷疑；如果他懷疑，他就有意志要確定；如果他懷疑，他就思想；如果他懷疑，他就知道他還不知道；如果他懷疑，他就判斷自己不應匆忙地同意。你可以對任何別的東西加以懷疑，但對這些你卻不應有懷疑；如果它們是不確

定的，你就不能懷疑任何東西。」懷疑就意味著生命，內在地包含了記憶、理解、意願、思想、認知和判斷等等這些理性活動。

笛卡兒（René Descartes）有句名言：「我思故我在。」有了懷疑，才有真正的自我；失去了懷疑，人們就會失去自己的所有高級理性，也就是自己的心靈，那塊自己唯一堅實可靠的大陸。

在聖人的國度，信仰者從來就沒有自我，聖人的一切就是他們存在的全部意義，自己只不過是聖人的分身而已。懷疑意識呢？對於連自我都已失去的人們，談何懷疑意識呢？

第七章 「天生聖人」─信仰觀的咒語

第八章
「德配天地」 —— 道德觀的咒語

　　「宗教」一詞，如何解釋？牟宗三先生說：「依宗起教，以教定宗。」

　　人生有一個宗旨，有一個目的，那個人生宗旨目的就叫「宗」。要教導人向著宗旨目的去走，必定開出一些教導，這些教導就叫做「教」。由宗而開出教的內容，叫「依宗起教」；有了教，就定了宗的路數，叫「以教定宗」，合起來叫做「宗教」。

　　宗教的「宗」是根據對人生的基本意識形成的，形成而為人生的歸向所在。所以要了解一個宗教，最根本切要的方法便是去了解它基本的意識。佛教最基本的意識，亦即對人生最基本的看法，叫「苦業意識」。「苦」和「業」合稱「苦業」。釋迦牟尼佛之所以出家，是由於他深切的感到人生的痛苦，最後了解到人生的苦是由於造「業」所集聚而來。

　　西方的宗教主流，像基督教、天主教等一神教，則是起因於對人類生命的一種深度的普遍認知 —— 「弱小意識」。它起源於人生的一種恐怖與不安。人生是很渺小無奈的。當人們意識到這一點時，就會升起一種「除了人生所處的世界之外，好像有更高明者的存在，而這更高明的存在好像時時在監控著人間」的感覺。所有的民族都曾經有過這種意識，有了這種意識就會升起一種宗教性的敬畏感。愛因斯坦（Albert Einstein）說：「上帝是人類軟弱的產物。」說的非常到位。

　　「儒家的基本意識是什麼呢？」儒家的基本意識就是：

道德意識。道德意識也很內在而深刻，這種內在的感受有普遍性，也就是說它是所有人類都會有的共同感受。凡是人類有的共同感受，必定感應萬方，而形成一個大教，儒家之所以能成為普天之下最大的宗教，因為人人都必有道德意識。

▌道德觀的決斷：仁 or 愛？

對一種意識的清楚把握，是信一個教，或者說去走他人生之路的一個關鍵。世間的各種學說或宗教，並沒有很多的不同，只有基本點上一點點的不同，所謂「差之毫釐，謬以千里」。如果一個人有了儒家的基本意識，他就可以走儒家的路。如果他的意識非常明白，他走的就很確實，很堅定，他就是一個儒者，一個儒家的信徒。

兩千年來，儒家在中國人的政治和社會生活中占了絕對領導地位。這種地位必然會導致中國社會道德意識的強化和盛行，事實上也的確如此。從某種意義上講，中國可能不是最有道德的社會，絕對是最講道德的社會，一個道德為王的社會。

那麼，植根於人類「弱小意識」的西方文明，是不是就沒有道德、不講道德呢？當然不是。西方文明雖然沒有像中華文明那樣強調道德，卻也有著自己獨到的道德觀。

所謂「道德觀」，就是人們對自身，對他人，對世界所處關係的系統認知和看法。屬於社會倫理的範疇。中華文明

的道德觀主要是指以儒家為正統的傳統道德；而西方文明的道德觀主要是指以基督教為正統的傳統道德。關於道德觀，即便同是「道德」兩個字，東西方文明卻有著不同側重的解讀。

西方人道德觀的根基就是一句話：「你們願意人怎樣待你們，你們也要怎樣待人。」這是耶穌的教誨。這條教誨的核心在於一個「愛」字。我們知道，這句話是很難實施的。因為這是一種無條件的愛，它並不先考察別人如何對待自己再決定自己的行為；還因為這是一種無等級的愛，若是在一個等級社會，臣子們怎麼也不可能用皇上待自己的方式去對待皇上。但是，由於有這句話支持，西方道德表現出它的獨特之處：一方面，它強調愛人如己，因為不如此就不能將道德真正付諸行動；另一方面，它強調公平公義公正，因為不如此你的行為就稱不上是道德。

中國人則認為：道德就是「仁」。儒家也有「仁者愛人」一說，莫非中國人的「仁」和西方人的「愛」是一個意思嗎？很遺憾，「普天之下」自由觀和「天無二日」秩序觀下，容不得無條件無等級的愛。於是，發自人們惻隱之心的「仁」成為了儒家道德的核心，所謂「惻隱之心，人皆有之」、「惻隱之心，仁之端也」。數千年來，在聖人們的教誨下，人們篤信「克己復禮」，因為「克己復禮」就是「仁」，而「仁者無敵」。

更重要的是，道德意識是儒家的基本意識。在道德觀中，在「道德的地位」這一項上，中華文明的道德是西方文明所無法企及的。這種地位差異是東西方文明的一項根本性的差異。對於文明的發展而言，其影響之大，甚至怎麼形容都不為過！

▌克己復禮，天下歸仁

談到儒家的道德意識，談到「仁」，就不能不提到三個關鍵人物：孔子、孟子、趙禎。

「仁」和孔子是密不可分的。

「仁」無疑在孔子道德觀念中居最高、最重位置，以至於人們甚至把孔子理論稱為「仁學」。《論語》中，「仁」字出現了 105 次左右，而「德」字出現 41 次。

「仁」這一觀念肯定是在孔子之前早就有了，因為《尚書》、《詩經》、《左傳》中都出現過「仁」字。但在上古典籍中，「德」字的出現頻率遠遠超過「仁」字。據學界考證，今古文《尚書》共 58 篇，「仁」字總共只出現 5 次，而「德」字出現 223 次；《詩經》中，「仁」字僅出現 2 次，而「德」字出現 66 次；《周易》的卦辭、爻辭中沒有「仁」字，「德」字出現 6 次；在《易傳》中，「仁」字出現 8 次，「德」字出現 41 次；《左傳》中，「仁」字出現 38 次，「德」字出

現 300 次左右。

由此可見，自堯舜禹湯文武周公直到孔子之前，「德」始終是中國人道德觀念的中心。後來「仁」觀念的崛起，基本可以說是孔子的「功績」。如果沒有孔子，相信中國人一直以「德」為最重要的道德觀念。

希臘大哲學家柏拉圖曾經設想過一個理想國度。該國度的最大特點是：哲學家執政。在這個理想國度中，政治統治權完全交給了哲學家。根據柏拉圖設計的社會政治結構，哲學家壟斷城邦全部政治權力，被置於等級結構的頂端，即「哲學家為王」，其他各等級則完全被排斥在城邦權力體系之外。

在傳統中國，沒有「哲學王」設想，卻有類似的理念 —— 道德家為王。中國儒家把現實國家的改造和理想國度誕生的希望，完全寄託於真正的道德家能夠掌握國家最高權力上。柏拉圖的「哲學王」設想停留在《理想國》書中，而中國的「道德王」設想卻走出了書齋，走進了實踐。這就是被中國傳統統治者長期奉為正統的「德治」。

「德治」不但是中國古代的治國理論，也是儒家學說宣導的一種道德規範。孔子說：「為政以德，譬如北辰，居其所而眾星共之」。這便是以德治國的儒學源頭。之後，孟子繼承孔子「以德治國」和「仁」的理念，並將其發展成包括思想、政治、經濟、文化等各個方面的施政綱領，就是「仁政」。

「仁政」理論之外，孟子又提出四端說，即「惻隱之心，仁之端也；羞惡之心，義之端也；辭讓之心，禮之端也；是非之心，智之端也。」孟子認為惻隱、羞惡、辭讓、是非四種情感是仁義禮智的萌芽。而「仁義禮智」作為四個儒家應有的德，在這裡得到強調。前面提到孔子重「仁」，鑑於孔子對「仁」概念的泛化拓展，人們很難確認重「德」與重「仁」的優劣利弊。然而四端說告訴我們，「仁」至多是「德」的四分之一。那麼，對「仁」的強調、「仁政」的施行，就意味著我們將會失去很多東西。

漢唐時期，「仁」在社會上還不被看重，漢唐的皇帝們沒有一個被謚為「仁宗」的。宋以後，歷朝都有「仁宗」，反映出「仁」的觀念在社會上影響加大。中國歷史上第一位「仁宗」就是宋仁宗（西元 1010 至 1063 年）。

宋仁宗趙禎，北宋第四代皇帝，作為第一個「仁政」的推行者，名垂史冊。趙禎愛好學習，崇拜儒家經典。他首次把《論語》、《孟子》、《大學》、《中庸》拿出來合在一起讓學生學習，開了「四書」的先河。應該承認，宋仁宗施行「仁政」是主動的、有意識的行為。

宋仁宗「仁政」是非常成功的。宋仁宗統治時期，國家安定太平，經濟繁榮，科學技術和文化得到了很大的發展。中國的四大發明，有三項出於宋仁宗時期。中國古文唐宋八大家之中，光是北宋就占了六家，而這六家，三蘇、歐陽

修、曾鞏、王安石都活躍在仁宗時代。嘉祐四年，距趙禎駕崩還有四年，以宰相富弼為首的群臣連續五次上表請求給他加尊號為「大仁至治」，趙禎沒有批准。但他死後再也阻止不了群臣給他加上「仁」的尊號了。「仁」就是對帝王的最高評價。《宋史》這樣評價仁宗：「為人君，止於仁。帝誠無愧焉。」他的群臣們這樣歌頌：「四十二年於茲，可謂海內大治矣。竊跡羲黃之前，夐乎莫索其詳。自《詩》、《書》之載，未有如茲之盛者也。」

　　宋仁宗「仁政」在歷史上的影響是巨大的。宋仁宗在位四十二年，史稱「嘉祐之治」。在歷史上「嘉祐之治」在民間的影響並不亞於「貞觀之治」、「開元盛世」，在眾多學者文人的眼裡甚至要超過「貞觀之治」、「開元盛世」。清朝的小說無名氏寫的《東坡詩話》這樣形容仁宗盛治：「宋朝全盛之時，仁宗天子禦極之世。這一代君王，恭己無為，寬仁明聖，四海雍熙，八荒平靜，士農樂業，文武忠良。真個是：聖明有道唐虞世，日月無私天地春。」在世人眼中，仁宗時期竟可以和堯舜時代相提並論。

　　宋代以後，隨著孔孟地位的提升，孔孟道統的強調，「道德」開始從人們的個人修養（修身）走向了社會政治，「仁政」開始從儒家理論走向了治國實踐。終於，在宋仁宗的示範下，在「嘉祐之治」的光環下，一種極具中國特色的道德觀產生了。這是一個基於「仁」的道德觀。

俗話說：「天大地大沒有道理大。」又說：「最大也大不過道理去。」宋沈括《夢溪筆談—續筆談》中有一則故事：「太祖皇帝嘗問趙普日：天下何物最大？普熟思未答間，再問如前，普對日：道理最大。上屢稱善。」

前面提到，儒家的基本意識是「道德意識」。因此，所謂「道理最大」，其實就是「道德最大」，而這四個字就是中國人道德觀的核心。這一核心主要包括以下幾點內容：①要行「仁政」。對於任何組織及其領導者而言，「仁政」二字都是其所能得到的最高評價。《大學》說：「為人君，止於仁」；②主張以道德去感化教育人。孟子云：「以德服人者，中心悅而誠服也」，又云：「仁者無敵」；②組織上重道德之士。無論是哪個組織哪層位階的領導者，都必須是一個「仁者」。孟子日：「惟仁者宜在高位。」由此可見，中國人的道德觀完全可以用一個字來代替 ——「仁」。

有宋以來，經過數百年的大力宣傳和炒作，對於道德以及道德之士的敬仰，對於自身和他人道德的高標準嚴要求，已經深深地銘記在每個中國人的腦海中、浸透到每個中國人的血液裡。這就是中國人的一道緊箍咒 ——「德配天地」。

（表）「德配天下」緊箍咒

	時代	關鍵人物	事件 ‖ 箴言 ‖ 著作
朦朧期	春秋	孔子	孔子：將「仁」從道德中彰顯出來。 「為政以德，譬如北辰，居其所而眾星共之。」 「孝弟也者，其為仁之本歟？」 「夫仁者，己欲立而立人，己欲達而達人。」 「顏淵問仁。子曰：「克己復禮為仁。一日克己復禮，天下歸仁焉。為仁由己，而由人乎哉？」」 「仲弓問仁。子曰：『出門如見大賓，使民如承大祭；己所不欲，勿施於人；在邦無怨，在家無怨。』」 「樊遲問仁。子曰：『愛人。』」 「為人君，止於仁。」
萌芽期	戰國	孟子	孟子：「仁政」學說誕生。「仁政」意識開啟。 「國君好仁，天下無敵焉」 「民為貴，社稷次之，君為輕。」 「以民為本。」 「民有恆產。」 「人皆有不忍人之心。」
傳播期	唐	韓愈	《道統論》：韓愈對孔孟的推崇，使「仁政」成為儒家正統道德觀。
主流期	北宋	趙禎	趙禎：成為「為人君，止於仁」的第一個皇帝標竿。廟號「宋仁宗」
教化期	宋元明清		

中華「仁義」之力

「德配天下」緊箍咒，就是儒家的「仁」道德觀下形成的一種中華文明的基本精神文化特徵。在它的影響下，中華文化形成了兩大價值取向：其一，中國人認為道德最重要，遠過於其他；其二，中國人認為道德者最值得尊敬和追隨，遠過於其他。

「德才兼備」？

中國人認為，道德是最緊要的東西，遠過於其他。

在《紅樓夢》中，寶玉上學時，賈政就吩咐過：「只是先把《四書》一氣講明背熟，是最要緊的」。然而賈寶玉對這些「最要緊的東西」偏偏「怕讀」，以至「大半夾生」，「斷不能背」。結果呢？寶玉被人視為「愚頑」、「無能」、「不肖」，淪為街談巷議所嘲笑的對象。

當一件事成為最緊要事物時，自然其他所有作為都要靠邊站。對於個人來講，這是自然而然的事情，而且這種狀態也是最容易有所成就的。因為他目標專一。然而，對於整個社會來講，可不是那麼簡單了。當社會上的所有人都認為某件事情最緊要，不能不做，不做就是「愚頑」、「無能」、「不肖」時，這件事情就成為了全社會的獨木橋。

「德配天下」之下，「道德」就是這樣一座全社會的獨木

橋。對於所有的組織及個人，對於所有的思想和行為，「道德」二字都具有一票否決權。孔子說：「君子喻於義，小人喻於利」；荀子說：「先義而後利者榮，先利而後義者辱」；孟子說：「生我所欲也，義亦我所欲也，二者不可得兼，舍生而取義者也」。意思就是：不講「道德」就是小人；不把「道德」放在第一位就是恥辱；為了「道德」這個目標，生命也可以放棄。由此可見，「道德」二字，在儒家中的核心地位。

同時，儒家聖人話語，無一例外地將「道德」和別的關鍵字對立起來。也就是說，任何概念詞語，即便本身可能是褒義的，然而和道德一比，都是不道德的。引申來講，任何其他專才，即便專業高深玄奧，可和道德之士一比，都是和小人相距不遠。事實上，要麼是「先義而後利」，要麼是「德才兼備」，在中國「道德」從來都是或者高人一頭，或者領先一步。那麼，「道德」身後的、腳下的又是什麼呢？其隱含著的不道德性是不言而喻的。

在歐洲，哥倫布航海揭開了大航海時代的序幕。而鄭和下西洋卻有著不同的結局。

歷史長河上看，鄭和遠航與西方的大航海事業，可說是同步展開。鄭和與他所代表的中華帝國、中華文明，在當時的遠航競賽中占盡了風流。可是，鄭和航海和西方的大航海卻走向了截然不同的結局：西方的大航海日益發展壯大，生生不息，終於帶來了一個日漸全球化的近代世界。而中國的

航海卻隨著明成祖和鄭和之死，戛然而止。不僅僅停止，而且是徹底終止。

首先，鄭和船隊實物（包括寶船、船塢等）蕩然無存。據說鄭和死後，寶船再不曾出海，最後是原地腐爛了，還是被拆除再利用了，不得而知。同時，隨著鄭和出海被朝廷認定為弊政，製造寶船的船塢也被當地官員徹底搗毀。

其次，鄭和生前，曾和他的部下一起花了三四年整理出了大批「下西洋」資料，包括：歷年航海日誌、水軍編隊、生活安排、日常運作、開支帳目、聯絡通訊方式、出使水程的海洋圖、天文資料、造船工程圖紙、鄭和與朝廷的來往文書信件、鄭和的私人文稿等等，彙編為《鄭和出使水程》檔案。這批極其珍貴的資料被移交兵部保管。上述「下西洋」官方檔案資料，包括用生命和心血創造的航海經驗以及有關國防機密等珍貴史料亦已完全失傳，被明兵部尚書劉大夏全都燒掉了。

再次，鄭和以後，明朝全面封鎖海疆，嚴格執行海禁政策。在《大明律》中關於海禁有這樣的嚴格規定：「凡將牛、馬、軍需、鐵貨、銅錢、緞匹、綢絹、絲棉出外境貨賣及下海者杖一百」，「若將人口、軍器出境及下海者絞。」可見禁令用刑之重。西元 1500 年時，朝廷禁止民間建船，凡建造雙桅船隻者一律被處死，到西元 1525 年，更明令拆毀所有遠洋船隻，不僅中止遠航，而且連海軍也不要了。

終有明一代，朝廷和主流政治界不再在乎鄭和的偉大壯舉，並且從心底裡藐視甚至仇恨這位功勳彪炳的大航海家，甚至認為「當毀之以拔其根」（《綱鑑易知錄》P.1488，清吳乘權等輯）。鄭和尚且如此，至於「下西洋」活動中大多數人的名字和業績，早被當局棄之如敝屣，完全沉沒於歷史的海洋中了。

1904 年，梁啟超在《新民叢報》上發表了〈祖國大航海家鄭和傳〉一文，將「鄭和下西洋」與西方的哥倫布（西元 1451 至 1506 年）、達伽馬（西元 1460 至 1524 年）等的航海事業進行了比較。文中提出了著名的「梁啟超問題」：「……鄭氏之烈，隨鄭君之以俱逝。則哥倫布之後，有無量數哥侖布，維哥達嘉馬以後，有無量數之維哥達嘉馬。而我則鄭和之後，竟無第二之鄭和，噫嘻，是豈鄭君之罪也？」

為什麼鄭和後繼無人呢？為什麼鄭和之後，歷代明朝皇帝再也不曾下海呢？為什麼非同凡響的「鄭和下西洋」，會以歷史性悲劇收場呢？

因為主政者們認為 ── 下西洋增加民眾負擔，就是不道德；改變下西洋的具體措施，使其不再增加民眾負擔，那叫做「言利」，還是不道德。要想道德，只能不下西洋。

鄭和「下西洋」的失敗並非偶然。在中國，只要有爭執和矛盾出現，就會在旁邊閃現出道德的身影。而最後的勝利者，往往都是道德一方。因為，在道德為王的社會裡，僅僅

一個「不道德」的帽子就足以讓任何一個人身敗名裂、任何一件行動千夫所指。

崇禎的「有道亡國之君」and 群臣「衛道亡國賢臣」

中國人認為道德者最值得尊敬和追隨，遠過於其他。

《左傳》說：「太上有立德，其次有立功，其次有立言」。這句話在中國影響深遠。意思就是：沒有什麼事情比建立德行更重要的了。如果接受了這一觀念，你就會覺得聖賢們所說的話太正確了 —— 孔子說：「君子尊賢而容眾」；孟子說：「莫如貴德而尊士，賢者在位，能者在職」。我們究竟應該如何對待道德者呢？聖人們表示：要尊重道德者，並讓他們走上領導職位。

或許人們並不記得聖人具體怎麼說的，但是他們確確實實是按照聖人教誨做的，即便是在現今社會。在公司培訓中，人們都喜歡使用《西遊記》中唐僧團隊的例子。他們會舉出無數的理由來證明：「唐僧為什麼能當領導者？」、「唐僧憑什麼當領導者？」、「唐僧真是個好領導者！」如果在網路搜尋此類文章，哪怕搜出百萬篇也不足為奇。追根究柢，都是一個「德」字在作祟。

人們普遍認為，道德者應該成為組織的領導者，而且是各級組織的領導者。也就是說，無論是「活著就是要改變世界」的賈伯斯、還是「給人類帶來光明」的愛迪生、還是

「偉大的人類榮耀」的牛頓，若是他們活在中國，似乎都需要一位道德之士來領導，「光明」和「榮耀」都應該歸於道德之士的名下。這麼說，人們會感到確實有些不妥，可是在「德配天下」之下，這卻是天經地義的。

明末，崇禎登基的時候年方 16 歲，便把魏忠賢一舉推倒，天下大喜過望。當時，崇禎組建了一個全新的東林黨內閣，一時「眾正盈朝」。自詡道德高標的東林黨人大快，認為堯舜大治的日子就要在緊密團結在崇禎周圍的東林黨手中實現了。

東林黨人做事，講究無論大事小情都以儒學義理為宗旨。然而，任何政策都有利有弊，都能以儒學義理批駁。東林黨的這種做法便每每讓國家的大政方針政策陷入道德困境。於是，辦事的人怕當罵名怕當責任，人人自危，束手無策；不做事的言官倒是總能擺出義正詞嚴的道德面目。結果，在這幫道學家的領導下，大明朝百事俱廢、國勢日頹。

崇禎氣的大罵：「汝等每每上疏求舉行召對文華商榷，猶然事事如故，召對俱屬虛文，何曾做得一件實事來！」、「朕自即位以來，孜孜以求，以為卿等當有嘉謀奇策，召對商榷時，朕有未及周知者，悉以入告。乃俱推諉不知，朕又何從知之？」

歷史上，崇禎在做「中興無道之君」還是做「有道亡國之君」之間，還是選擇了後者；大臣們在做「中興救國能

臣」還是做「衛道亡國賢臣」之間，終究選擇了後者。人們都知道，道德者並非不可戰勝。可問題是：為什麼即便是面臨失敗，人們仍然會選擇去當一名道德者呢？為什麼在十字路口，人們總是選擇道德之路呢？

「德配天下」之下，道德者有個得天獨厚的優勢：他是根據道德就任的，只要道德上無缺，他就是稱職的。換句話說，道德者不需要為組織的失敗負責，只需要對自己的道德負責。只要他道德無瑕，組織成功就是他領導有方，組織失敗就是有小人作祟，而且，相形之下，組織越失敗反倒會越映襯出道德者的偉大情操來。如此，一個是要麼成功要麼正義且偉大的人；一個是很難成功，而且無論成功還是失敗都會受到道德譴責的人，到底要成為哪一個，追隨哪一個，人們怎麼會猶豫呢？！

大明滅亡了，崇禎和群臣卻是稱職的可敬的。因為——在道德上，他們是無瑕的。

▌宋元明清，「問題人物」失蹤之謎

「他們是與社會格格不入的人、是反對者、是讓人頭痛的問題人物，就像錯置於方孔裡的圓木樁。

他們從不同的角度看待事物。他們既不墨守成規，也不安於現狀。你可以認同他們或是與他們爭辯；可以誇讚他們或是詆毀他們。然而你無法抗拒的是忽略他們的存在，因為他們改變了事物，他們

讓人類向前跨進了一大步。

有時候人們會認為他們太瘋狂，然而我們卻看見了他們的影響力，因為只有瘋狂到認為自己有能力改變世界的人，才能真正地改變世界。」

—— 蘋果公司廣告詞

世界上總是存在「與社會格格不入的人」、「反對者」、「讓人頭痛的問題人物」。沒錯，他們是一群人類社會的「問題人物」。但是，他們改變了世界，他們將文明從她現在的地方，帶到她從未去過的地方，他們是文明的真正創造者。

看過這則廣告的中國人，是否有想過這樣的問題：在中華文明歷史上，是否也曾有這樣一群「問題人物」？他們都是誰？他們在哪裡？—— 他們似乎不曾存在過。筆者以為，他們或許是被「失蹤」了，以道德的名義。

努爾哈赤的「惻隱之心」VS 馬丁路德金的「公平之心」

馬丁·路德·金恩（Martin Luther King, Jr. ，1929 至 1968年），著名的美國民權運動領袖。1963 年，馬丁·路德·金恩晉見甘迺迪總統，要求透過新的民權法，給黑人以平等的權利。1963 年 8 月 28 日在林肯紀念堂前發表〈我有一個夢〉的演說。1964 年度諾貝爾和平獎獲得者。1968 年 4 月，馬丁·路德·金恩前往曼菲斯市（City of Memphis）領導工人罷工被

人刺殺，年僅 39 歲。1986 年起美國政府將每年 1 月的第三個星期一定為馬丁路德金恩全國紀念日。2011 年 8 日 28 日，他的紀念雕像在華盛頓國家廣場揭幕。在此前，只有華盛頓、傑弗遜、林肯和羅斯福等幾位美國歷史上著名的總統在這裡立有紀念雕像。

美國國會於 1964 年通過《公民權利法案》，1965 年通過《選舉權利法》，正式以立法形式結束美國黑人受到的在選舉權方面的限制和各種公共設施方面的種族歧視和種族隔離制度。

美國黑人源自來自非洲的奴隸。美國南北戰爭後，雖然黑人得到名義上的自由，但是現實中卻面對著種族隔離制度和白人的歧視。馬丁路德金恩說：「今天，黑人依然悲慘地蹣跚於種族隔離和種族歧視的枷鎖之下」、「這類不平等待遇，根本不是新鮮事。問題早已存在。」

愛新覺羅・努爾哈赤（西元 1559 年至 1626 年），女真人。清王朝的奠基者，二十五歲時，在祖居起兵統一女真各部，平定中國東北部，並屢次打敗明朝軍隊，明神宗萬曆四十四年，建立後金，割據遼東，建元天命。西元 1618 年明萬曆四十六年，努爾哈赤頒布「七大恨」，起兵叛明。薩爾滸之役後，遷都瀋陽。其後世子孫入關建立清朝。

女真是明代遼東的少數民族。與黑人在美國一樣，女真在大明朝也是受歧視的對象。明朝的皇帝要女真尊他們為

「天皇帝」。遼東的文武官將，也對女真採取歧視的態度，稱女真為「東夷」，稱努爾哈赤為「奴兒哈赤」。女真進入撫順馬市貿易時，「例於日晡時開市，買賣未必遽即驅逐胡人」。可見，努爾哈赤頒布「七大恨」並不是信口胡說，女真受歧視不是什麼新鮮事。

美國黑人和建州女真都是少數民族，而且飽受歧視，在背景上有著相近之處。我們相信「不平則鳴」是人之常情。然而，努爾哈赤，建州女真的代言人，馬丁路德金，美國黑人的代言人，他們接下來的言行卻顯示出了巨大的不一致——東西方文明在道德上的不一致。

馬丁路德金說：「我們決心在蒙哥馬利奮鬥，直到『公平如浪濤滾滾，公義如江河滔滔！』」、「反抗的旋風將繼續震撼我們國家的基石，直至光輝燦爛的正義之日來臨。」而努爾哈赤卻從未試圖追求「浪濤滾滾，江河滔滔」般的公平和公義，也未曾嚮往「正義之日」的來臨，而是割據遼東，建立反向歧視漢民的政權——後金（清）。而且這一歧視政策一直延續到幾百年後的清末。

人們懷疑：建州女真為什麼會對不平等待遇不滿而造反的情況下，反過來製造更不平等的制度，延續這種不滿呢？我們知道清代有「聖祖」也有「仁宗」，那麼，為什麼人們能夠在「仁政」旗號下，一本正經地不公平和不公義呢？

馬丁路德金說：「我們手中的惟一武器，是抗議。」、「美

國民主的偉大光輝，正展現在有權利為正確的事情發出抗議。」、「不會有白人被從家中拖走，帶到偏僻的路上去殺掉」、「在我們這群人裡，不會有人公然蔑視這個國家的憲法。」而努爾哈赤卻頒布「七大恨」，起兵造反，縱兵劫掠。無數漢人財產被掠走，人被虐殺或者淪為奴隸。

人們懷疑：建州女真為什麼會公然蔑視大明朝的「仁政」？為什麼不使用「抗議」做武器？難道「仁政」下人們沒有權利發出抗議嗎？難道「仁」的武器是造反嗎？

或許有人說：建州女真是一個落後的奴隸制部落，這是他們自己的劣根性，而不是「仁」的問題。然而，黑人到美國也不過兩百年，之前更是原始部落出身。女真人自太祖朱元璋時就在明朝治下，到努爾哈赤時已經三百年，到清末有六百年，為何如此長的時間「仁政」和「仁」都無法化育人心？

筆者以為，問題是出在「仁政」和「仁」自己身上。

儒家的「仁」是柔弱的。

「仁」在街上散步。碰到了一個雙腿殘廢的人在乞討。乞討者說，在家鄉，他得罪了一個惡霸，結果惡霸把他的腿打殘，並勾結當地官吏，霸占了他的財產和女人。他被迫出來討飯過活。

「仁」相信乞討者的說法，並產生了惻隱之心。於是「仁」給了乞討者一兩銀子，這些錢足夠那人生活一個月。

一兩銀子，「仁」就滿足了基於「惻隱之心」的道德快感，而且也無愧於基於「惻隱之心」的「道德」二字。

至於乞討者的致殘的雙腿、被搶走的財產和女人、以及惡霸汙吏，「仁」表示無能為力。

基於「惻隱之心」的儒家道德「仁」，在強度上是差強人意的。在許多情況下，它不但廉價而且解決不了真正問題。有一則笑話：當一個人殺了人，法官依法判他死刑，這叫「正義」；當一個人殺了人，依法該判他死刑，但法官赦免了他，這叫「權力」；當一個人殺了人，依法該判他死刑，但法官赦免了他，最後讓他賠死者家屬一塊錢，這叫「仁義」。笑話有點誇張，但是從努爾哈赤的個人遭遇來看，這個笑話還是反映出了一些問題。

努爾哈赤的父祖二人都是為明軍所殺。當努爾哈赤派人質問朝廷時，朝廷歸還父祖遺體，並給他「敕書三十道，馬三十四，封龍虎將軍，復給都督敕書」。這在朝廷看來應該是「仁至義盡」，足夠「仁」了，然而，這樣的結果能叫人心平氣和地接受嗎？

儒家的「仁」不是普世的。

首先，儒學是一個以尊卑等級的「仁」為核心的思想體系。孔子的「仁」是一種含義極廣的倫理道德觀念，其最基本的精神就是「愛人」。然而，由於儒學自身「自由觀」的影響，儒家在後來的發展中逐步突出了仁愛的等級差別思

想。「仁者人也，親親為大。義者宜也，尊賢為大。親親之殺，尊賢之等，禮所生也。」故「仁」與等級制密切相關，顯示出一種階梯性特徵。而努爾哈赤作為武將、外族及蠻荒之地的外官，各種低等級要素於一身，自然也就品嘗到「仁」等級性的酸澀。

其次，孔子的「仁」是建立在血緣關係的基礎上，因此這種愛是有條件的愛，有差別的愛。首先是愛與自己血緣關係最近的，再由近及遠。既然愛有差別，有遠近，那麼愛自己至親的人的表現之一就是為其復仇，所謂「殺父之仇，不共戴天」。因此，父債子還，冤冤相報的仇恨文化就充斥了中國的歷史。而努爾哈赤以七大恨反明，第一恨就是殺父殺祖之仇。同時，有差別的愛也使得不同階層的人缺少溝通和交流，上層社會對下層百姓的冷漠，邊緣人群的仇富心理都在此基礎上產生出來，社會矛盾激化常常以暴力的方式解決。努爾哈赤的暴力選擇與「仁」的這一自身缺陷也是分不開的。

最後，「仁」和「仁政」是單向的，不是從上到下，便是從高向低。底層和下層根本無力表達自己的道德訴求。一個上層人物向下炫耀自己的「仁」和「仁政」是正常的，反過來卻是可笑的，不合「禮」的。西方人可以透過「抗議」來表達自己的道德訴求，而中國人要想表達「仁」的道德訴求，只能對上層和高層的問題視而不見，因為「克己復禮」

才是「仁」，不嚴格要求自己，對上層和高層不恪守禮數，那就不是「仁」了。

可以看出，「惻隱之心」作為道德根源的「仁」和「仁政」，遠遠不能滿足社會的心理需求。在傳統中國，常常會出現社會中下層由於利益無端受損而積怨深深，乃至沸反盈天，然而上層統治者卻自以為道德無量、堯舜禹湯的現象。而這種情況，其深層次根由就在於「仁」和「仁政」自身。

道德人士的「浩然之氣」and 問題人物的「萬馬齊喑」

一個很重要的問題：道德家是「與社會格格不入的人、反對者、讓人頭痛的問題人物」嗎？

在中國，任何時候都不缺道德家。在傳統中國，主流道德家就是程朱理學的信奉者——「道學家」。他們的思維特徵是：以儒學義理為宗旨，對任何政策、決定和行為都以儒學義理來考究，用道德做尺來衡量。其典型行為是：發出道德譴責。無論什麼事情，只要有和儒學義理不符合之處，道學家就會站出來進行道德譴責。而在宣揚德治的社會，一個人若是被道德譴責，其地位的合法性立刻就會發生動搖，其言行的正義性立刻就會受到懷疑。這便是道學家的厲害之處。

顯然，道學家自身不屬於「問題人物」的範疇。道學家是墨守陳規的一群人，這裡的「規」就是儒學義理，就是天

理。在他們眼中，這些天理是不容侵犯的、不容質疑的、而自己的職責就是把這些已知的天理繼續神聖下去。事實上，不容侵犯和質疑也就意味著「不探索、不創新、不變革、不開放、不領導、不懷疑」，在實踐中就表現為「非禮勿視，非禮勿聽，非禮勿言，非禮勿動」。我們知道，「禮」本身被道學家奉為不變的天理，因此，道學家完全可以襯得上「紋絲不動」四字。如果說道學家也可以稱為「問題人物」，那他只可能是讓世界「紋絲不動」的「問題人物」吧。道學家和「問題人物」的分野就是如此的涇渭分明。

「德配天地」之下，是道德家的地盤。傳統中國社會，特別是宋元明清三代，就是道學家的主場。孔子說：「人有惡五。一曰心達而險，二曰行辟而堅，三曰言偽而辯，四曰記醜而博，五曰順非而澤。不可不誅也。」意思是：思想和行為與我的標準偏離，有「險」、「辟」、「偽」、「醜」、「非」體徵的人，就是罪人，一定要殺。孟子說：「天下之言，不歸楊，則歸墨。楊氏為我，是無君也。墨氏兼愛，是無父也。無父無君，是禽獸也。」意思是：和我的教導相違背的，那就是「禽獸」。以程朱理學為主流的中華文明，是奉孔孟為聖人、尊儒學義理為天理的道德社會。如此環境下，中國社會將會呈現出怎樣的特徵呢？

我們知道，古希臘哲學家畢達哥拉斯（Pythagoras）和孔子是近乎同一時代。他宣稱數是宇宙萬物的本源，研究數

學的目的並不在於使用而是為了探索自然的奧祕。西方人認為，「全部西方哲學史不過是為柏拉圖的思想做注腳，然而柏拉圖本人卻是在為畢達哥拉斯做注腳。」然而，還主張靈魂輪迴和吃豆子罪惡性的畢達哥拉斯，若是碰到了孔子，能否逃過「不得不誅」、「戮於兩觀之下，屍於朝三日」的下場呢？碰到孟子，能否免於被指為「禽獸」的結果呢？至少我們知道，少正卯為孔子所殺其道不傳；墨子楊朱被中國人扔進了故紙堆，直到兩千年後的清末民初才為梁啟超等人翻出來。

「德配天地」之下，「為政以德，譬如北辰，居其所而眾星共之」、「惟仁者宜在高位」，身居高位的無一例外都是道德者，而非「問題人物」。由於「仁」的等級特性和柔弱特性，千百年來「問題人物」們的利益和地位嚴重受損卻又無法伸張，其後果就是「邊緣化」──他們低道德者一等；必須服從道德者領導；他們的言行被認定為不道德；他們的思想被認為是離經叛道；他們的成果被認為是奇技淫巧；人們寧願失敗也不願與他們為伍。也許在道學家眼中，這樣的社會才是道德社會，才是「仁」和「仁政」的社會吧。然而，對於「問題人物」來說，這樣的社會算得上「正義」嗎？

當龔自珍痛感「萬馬齊暗究可哀」時，當錢學森問起「為什麼我們培養不出傑出人才」時，當無數的中國人思索

「中國為什麼出不了大師」時，或許可以這樣回答：問題就
出在我們心裡，問題就源自──「德配天地」緊箍咒。

有朋友不服氣地問：「道德家『富貴不能淫，貧賤不能
移，威武不能屈』。他們的『浩然之氣』，難道不足以使他
們名垂千古，不足以使他們領袖群倫嗎？」

文天祥在〈正氣歌〉中說：「天地有正氣……是氣所磅
礴，凜烈萬古存……三綱實系命，道義為之根」。講的正是
「浩然之氣」。可以看出，「浩然之氣」就是一種以三綱為
命、道德意識為根的力量，一種強烈地抵制變化的力量、固
執地恢復原狀的力量。無論面對的是「富貴」、「貧賤」、
「威武」還是任何別的變化，譬如說社會變革，它都不會屈
服。在中華文明歷史上，使得中國人和中國的社會生態千年
維持不變的正是這種力量。

從這個意義上講，大義大德的「浩然之氣」所造就的
「道德意識」，確實是一種凌駕於任何群體意識之上的存在。
在傳統中國，它成功地克制住了所有其他的群體意識，其中
就包括「探索意識」、「創造意識」、「變革意識」、「開放
意識」、「懷疑意識」、「分工意識」。

第八章　「德配天地」─道德觀的咒語

終章

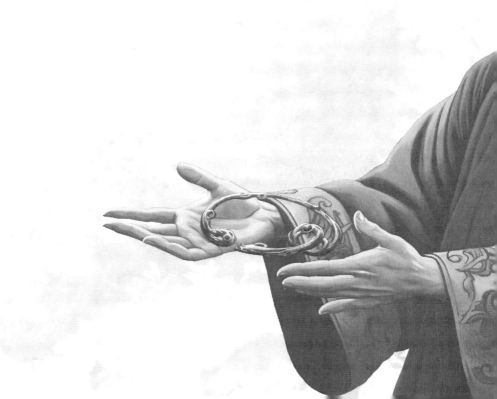

　　所謂「領導世界」，就是帶領世界，從現在的地方，去一個未知的地方。如果一個文明總是在已知的地方打轉，它就永遠與領導世界無緣。那麼，人們怎樣才能到達未知之地呢？答案就在「群體意識」四個字。在「領導世界」問題上，一些群體意識具有決定性的重要作用。就比如說懷疑意識：

　　每個人都有懷疑意識，差別只在於懷疑對象及強弱方面。懷疑者，就是懷疑意識占上風的人。對於一切社會事物，只要懷疑意識占了上風，人們就會對其產生一種完善、發展和提升的衝動，這便是懷疑。當一個事物處於合理區域時，人們的「懷疑意識」通常是潛在的，而一旦事物出現問題，一些人就會以「懷疑者」的身分出現並開始「懷疑」，試圖否定現存事物中錯誤和不合理部分。通常來說，一個文明，其懷疑意識越強烈，懷疑者就會越多，人們就越容易發現現存事物中錯誤和不合理的部分。只有當懷疑者達到一定比例時，文明才會前往未知的地方。

　　當然，懷疑意識並不是「領導世界」的唯一關鍵。一個文明，要想抵達未知的地方，要想生產新分工和新思想（價值觀），還有幾個群體意識是至關重要的，諸如探索意識、創造意識、變革意識、開放意識、分工意識等。它們也具有「一票否決權」。

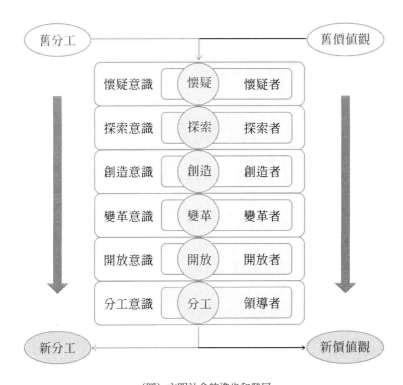

（圖）文明社會的進步和發展

新分工和新價值觀的產生意味著文明社會的進步和發展。每一個有意義的社會進步和發展，無論大小，都是從「舊分工」、「舊價值觀」開始，按照「懷疑」、「探索」、「創造」、「變革」、「開放」、「分工」的順序來進行，以「新分工」、「新價值觀」形成為一完整的演進過程（見上圖）。在此過程中，六個關鍵字缺一不可。

本書以為，人們通常所說的「社會進步和發展」，其基本內容就是「新分工和新價值觀的產生」，其基本模式就是圖中所顯示的演進過程。如圖中所示，懷疑意識等六大群體意識對於「社會進步和發展」的重要意義，怎樣強調亦不為過。因為，任何一種群體意識的缺席，都將使「未知之地」變成可望而不可即的虛幻之地。

此外，還有一種重要的群體意識，道德意識。傳統道德永遠是「已知」的辯護者，它們是停留在「現在的地方」的精神依據，是「已知」的最後堡壘。如果某個文明有一個凌駕於其他分工之上的「道德家」分工，就彷彿印度教文明的婆羅門、天主教文明的教士、儒家文明的理學家，該文明將很難走向「未知」。因為，道德家們的一句「不道德」，已足以讓新分工新思想灰飛煙滅。舉個例子，在一個文明社會裡，如果懷疑者的地位遠低於衛道士、懷疑意識的強度遠低於道德意識，只怕該文明連「懷疑」都做不到，更不要說生產新分工新價值觀了。

為什麼是英國人，而不是中國人？

從大多數人的日常活動看，西元 1500 年時的大部分人仍過著與西元前 1500 年的人差不多的生活。各大文明全都半斤八兩，說不上誰好過誰，誰領導誰。但是，在過去 500 年

裡，隨著現代科學的興起，大多數人的日常生活發生了革命性的變化。

科學發現不僅帶來技術上和經濟上的革命，它還完全改變了政治和宗教思想、藝術和哲學。經過科學革命，幾乎人類活動的每一個方面都發生了變化。而這些變化大都是基於牛頓的理論和發現，以及科學家分工的出現。

按「科學家」的定義，牛頓絕不是第一個科學家。在牛頓之前，哥白尼、伽利略、布魯諾都稱得上是科學家。然而，哥白尼直到臨死才敢發表「日心說」；伽利略被迫當眾懺悔並放棄自己的思想；布魯諾堅持自己的理論被燒死在鮮花廣場上。在哥白尼等人所處的社會環境中，可能有科學家分工的出現嗎？不可能。即便是牛頓生在那裡，只怕也不敢發表他的《自然哲學的數學原理》（*Philosophiae Naturalis Principia Mathematica*），或者即便發表了，要麼懺悔並收回它，要麼去鮮花廣場示眾。再往深了想，那些連科學家個體都沒出現過的社會環境，豈不是更沒有希望嗎？

有鑑於此，筆者認為，18 世紀的英國人之所以能夠領導世界，關鍵不在於牛頓生在英國，或牛頓是英國人，關鍵是科學家分工誕生在英國。那麼，科學家分工為什麼會誕生在18 世紀的英國，而不是當時的義大利或者中國呢？

讓我們先來分析一下英國人的價值觀，看看當時英國的社會環境有什麼特別之處吧。

英國人的信仰觀

西元 1248 年之前，天主教文明還和其他宗教文明一樣，都是信仰至上，信仰優先於理性。然而，西元 1248 年，人類文明史上最重大的事件發生了：聖多瑪斯·阿奎那開始了他的著述和布道生涯。作為歷史上最偉大的神學家，阿奎那建立起了中世紀最大最全面的神學與哲學體系。阿奎那神學又叫「證明神學」，是一條用理性來證明神的道路，也就是透過理性來認識上帝。

當我們用 A 來證明 B 正確的話，潛意識中會認為，A 是正確的，A 是優先於 B 的。阿奎那「證明神學」就給人們以這樣的啟示：理性是正確的；理性是優先於信仰的；未經理性檢驗的，都是可疑的，其中也包括上帝。阿奎那是偉大的神學家，阿奎那神學是偉大的神學，但阿奎那並沒有預見到其證明道路的盡頭可能會出現這樣一幕：人們非常理性地說，經證明，上帝是不存在的。

阿奎那在死後被天主教封為聖人，他的神學在其後數百年居於統治地位。打那時起，人類的所有文明成就幾乎都是產生自前天主教文明區域，也就是現在的歐洲天主教地區和基督新教地區，因為這一區域有著非同尋常的懷疑精神。

很巧，英國就在前天主教地區。更巧的是，科學也需要懷疑，特別是基於理性的懷疑。

英國人的世界觀

阿奎那的貢獻顯然不止上述那些。阿奎那神學是充分地吸收了亞里斯多德的學說，對古希臘哲學和中世紀神學進行全面的整合後，建構起的一個新神學體系。中世紀神學原是信仰神學，崇拜「精神」神（即上帝），和「自然」並不沾邊，而古希臘人的神是「自然」神，作為二者的統一體，「自然」在阿奎那神學中找到了位置。

阿奎納主張應該理性思考並研究自然，就如同研究上帝啟示的方法一樣。按照阿奎納的說法，上帝透過自然給予人類啟示，也因此研究自然便是研究上帝。而神學的最終目標，在阿奎納來看，便是要運用理性以理解有關上帝的真相，並且透過真相獲得最終的救贖。

在一神教中，人們最重視的莫過於人和神的關係。而阿奎那指出「人和神之間，還有自然」，並強調「研究自然可以獲得最終的救贖」。「自然」的這一新定位，引發了人們研究自然的熱情，喚起了人們沉睡已久的探索（自然）意識。

西元 14 世紀以後，為什麼單單前天主教文明碩果累累，其他文明卻鮮有建樹？天主教世界觀中有「自然」的位置，而其他文明沒有，就是這麼簡單。

英國人的起源觀

前面說過，由於崇拜創造世界的上帝，英國人認同起源力量的價值，具有強烈的創造意識。有人覺得奇怪：伊斯蘭和東正教也崇拜同一個上帝，他們怎麼就未表現出同等強度的創造意識呢？

先說說東正教。以君士坦丁堡為中心的東部基督教會與以羅馬為中心的西部基督教會分裂後，為了標榜自己的正統性，自稱「正教」。這就是東正教的由來。標榜正統，其實就類似於中國程朱理學的道統論，必然會導致強烈的保守傾向。東正教後來的作為，即堅守古教義和古禮儀，證實他們當初的堅持是真誠的。那麼，其後數百年，東正教區域幾乎沒有任何新的文明成果就可以理解了，因為在起源和延續之間，他們選擇了後者。

再說伊斯蘭教。伊斯蘭世界的核心理念是：「真主在歷史上不斷派先知傳達旨意，穆罕默德聖人是最後一位先知（封印的先知），其口述的《古蘭經》是真主最後的旨意，順從真主的旨意就是穆斯林。」毫無疑問，先知穆罕穆德就是整個伊斯蘭世界的精神核心。然而，伊斯蘭教的觀點是：穆罕默德不是伊斯蘭教的創始人，而是正道的復興者，他只是接受真主的啟示而傳播伊斯蘭教。穆罕穆德自己也是以復興者自居。穆罕穆德「復興者」、「傳播者」以及「封印者」的

身分，加上穆斯林的「順從者」標籤，在這幾項的疊加作用下，伊斯蘭文明中的起源力量似乎被徹底地封印住了。穆斯林有熱烈的理想、也有對智慧和知識的渴望，但是對於「創造」，他們似乎毫無感覺。

英國人的人生觀

英國人是北歐海盜的後裔。西元 911 年，法國國王以割讓諾曼第向維京海盜買回和平，並封他們的領袖羅洛（Rollo）為法國公爵。西元 1066 年羅洛的子孫諾曼第公爵入侵英國，他征服英國後成為英國國王，此役即「諾曼征服」。

海盜這一行，從本性上來講，就不可能產生安貧樂道、或者順天應人的哲學，也不可能為了天人合一而不言利，或者委屈自己。從英國史來看，英國人真是做事不避逆天。亨利八世（Henry Ⅷ）和羅馬教廷決裂，創立英國聖公會並自任教會領袖；伊莉莎白一世（Elizabeth Ⅰ）發放私掠許可證，和海盜共存共榮；克倫威爾（Oliver Cromwe Ⅱ）將查理一世（Charles Ⅰ）送上了斷頭臺；議會將詹姆士二世（James Ⅱ）推翻流放。這些行為在海盜們看來很正常，可在中國人看來，無一不是逆天之舉。

科學，一個拿自然做實驗的學問，怎麼看也不像是順天。如此看來，科學家分工誕生在英國這樣的國度，是有其歷史必然性的。

英國人的秩序觀

與中國人長期的大一統格局不同，英國人有著比較悠久的多元秩序傳統。

早在西元 1215 年，英王約翰被迫簽署憲法性的檔《大憲章》。當時，貴族們得到倫敦市民支持，占領倫敦並挾持英格蘭國王約翰。在強大壓力下，約翰於 6 月 15 日簽署《大憲章》。該文件聲稱：國王只是貴族「同等中的第一個」，沒有更多的權力。英國貴族這一標準的海盜行徑，在歷史上第一次限制了封建君主的權力，並指明：國王僅是同等若干世俗秩序中的第一個。

勢力強大的英國貴族還迫使國王成立了議會，參加者還有貴族、教士、騎士和市民的代表。議會有決定徵稅、頒布法律等權利。西元 1265 年，隨著第一次議會的召開，英國議會的正式產生。從那時起，「議會—國王」二元政治，加上教會的精神權威，事實上，英國形成了三元社會秩序。

西元 1689 年，英國「光榮革命」後，英國人通過《權利法案》在法律上確立了英國的立憲君主制：以議會為核心，由國王、政府、議會組成的多元政治秩序。與此同時，政治思想家應運而生。英國人洛克在西元 1689 年和 1690 年發表了兩篇〈政府論〉，成為第一個全面闡述憲政民主的人。洛克宣導權力的分配，把政治權力分為立法權、行政權和對外

權三種，認為立法權高於其它兩權，但立法權仍要受到人民的制約，人民享有最高的權力來罷免或更換立法機關。洛克的憲政思想，為多元秩序提供了堅實的理論基礎。

英國人的自由觀

海盜們雖然搶別人的東西，但是他們內部卻不能容忍財產剝奪，因為當海盜就是求財，如果搶來的財產保不住，為什麼還要當海盜呢？保護私有財產，是海盜集團存在的根本，所謂「盜亦有道」。

海盜的這種精神在英國得到了很好的傳承。13 世紀英國的《大憲章》就是貴族們（海盜頭目們）為保障自己的政治獨立與經濟權益而設立的，正是這種海盜精神的反映和延續。

17 世紀，歐洲的許多國家都在朝著君權更加神聖的方向發展，「君權神授」說大行其道，歐洲大陸上的國王們頗有「普天之下莫非王臣、率土之濱莫非王土」的氣概。然而，在英國，國王的同樣措施卻遭到了臣民們的抵制。西元 1628年，議會通過了《權利請願書》，重申未經議會批准不得任意徵稅；沒有法律依據和法院判決，不得任意逮捕任何人，不能剝奪其財產。查理一世為了得到議會的撥款，勉強批准了《權利請願書》，但他隨後又不經議會同意而繼續徵稅。

可憐的查理一世為此付出了昂貴的代價，他不但被廢黜，還被送上了斷頭臺。

有了查理一世的前車之鑑，為了自己私人財產的安全，英國人決定用《權利法案》以法律形式限制國王權力：未經議會同意不能停止法律的效力，不經議會同意不能徵收賦稅。

沒有思想的支持，一切措施都是表面文章。偉大的洛克在思想上解決了英國人對荷包安全的憂慮。洛克第一次系統地提出「天賦人權」學說來反對「君權神授」思想。他把在英國革命中提出的各種基本要求概括為生存的權利，享有自由的權利以及財產權，並把它們說成是天賦人權，是上帝授予的。洛克特別推崇個人財產對人權的作用，他明確的指出個人財產是人權的物質載體和發展根基，「無私產即無私權」。

英國人的道德觀

牛頓是英國人，科學家分工產生在英國。這是歷史事實。但是，有心人會問：為什麼牛頓沒有如同布魯諾那樣被燒死呢？為什麼牛頓的理論能夠得到出版呢？為什麼英國人敢相信並實踐牛頓的理論呢？

歐洲的宗教裁判所始於 13 世紀上半葉，前後共經歷 500

年，旨在鎮壓一切反教會、反封建的異端，以及有異端思想或同情異端的人。科學家，似乎天然就應該出現在異端名單上。因此，在科學史上，許多著名的科學家都慘遭「宗教裁判所」的迫害，要麼被迫懺悔，比如伽利略；要麼火刑伺候，比如布魯諾。而英國，作為天主教文明的邊角之地，神奇地沒有設立過宗教裁判所。

天主教文明有一個龐大的教會系統和教士階層。他們掌握著文明的人文教化權力，他們所說的話就是上帝的意思，他們擁有著「正義」和「正確」的定義權和話語權。然而，16 世紀上半葉，宗教改革運動席捲了整個歐洲大地，基督教新教從天主教中獨立了出來。

基督新教認為「人人皆祭司，人人有召喚」。認為每個個體可以直接與上帝交流，反對教士集團的專橫、腐敗和繁文縟節、形式主義。他們主張簡單、實在、上帝面前人人平等的信徒生活。於是，在新教文明，教會和教士失去了身分和道德特權，在很大程度上失去了人文教化權力。自此，科學和科學家獲得了屬於自己的平等的教育和宣傳陣地。值得一提的是，英國自西元 1649 年內戰結束後就是新教國家。

（表）中英文化比較表

價值觀	中華文明價值取向	英國文明價值取向	中英文化對比	群體意識
信仰觀	信仰優先理性	理性優先信仰	中國人不相信理性，相信聖人；中國人喜歡結論和應用，不喜歡思考和分析	中國人懷疑意識弱
世界觀	社會價值大於自然和精神價值	自然和精神的價值優先	中國人不好奇，傾向於走正道做正事；中國人不求甚解，傾向於「糊塗」。	中國人探索意識弱
起源觀	延續最有價值，迴避起源價值	起源最有價值	中國人重視過去，輕視現在將來；中國人重視傳承，輕視開拓創造	中國人創造意識弱
人生觀	順天最有價值，逆天無價值	逆天最有價值	中國人重視適應，輕視改變；中國人重視和諧穩定，迴避矛盾鬥爭	中國人變革意識弱
秩序觀	一元秩序價值大於多元秩序	多元秩序最有價值	中國人不喜歡競爭，傾向於壟斷；中國人不喜歡開放，傾向於封閉	中國人開放意識弱

自由觀	社會歸屬優先個人自由	個人自由優先社會歸屬	中國人不喜歡平等，傾向於等級； 中國人不喜歡自己做主，傾向於依附	中國人分工意識弱
道德觀	身分性道德優先普世性道德	普世性道德優先身分性道德	中國人不認同專業結論，認同道德結論； 中國人不接受專業領導，認同道德領導	中國人道德意識強

領導世界，必須能夠生產新分工新價值觀。本書認為，18世紀的英國人之所以能夠領導世界，其中關鍵是「科學家分工誕生在英國」。那麼，科學家分工為什麼會誕生在新教文明的英國？為什麼不是其他文明國家？為什麼不是新教文明的其他國家？

首先，科學家分工不可能產生在中華文明、印度文明、日本文明、伊斯蘭文明以及東正教文明。因為這些文明的文化土壤長不出科學家來。

科學家需要懷疑，特別是基於理性的懷疑；科學家要研究自然，需要探索精神；科學家需要新的領域、新的實驗、新的假設、新的結論，這些都離不開強烈的創造意識；科學家要敢逆天，因為科學就是一門拿自然做實驗的學問。然而，上述文明人群的精神特徵與科學家精神格格不入，更多

是背道而馳。反過來說，如果英國人的精神特徵有一條不相符，「牛頓」怕也就不會生在英國了。

所謂「精神特徵」，就是文明的緊箍咒，就是文明人文教化的結晶。簡而言之，是緊箍咒決定了「牛頓不可能是中國人」，問題就出在人文教化身上。

其次，科學家分工不可能產生在天主教文明。

天主教國家產生過不少早期科學家，不幸的是，他們必須要面對教會的怒火。天主教文明有教皇和教會。他們是上帝的代言人，是真理的化身，是傳統思想的維護者。

在天主教國家，教士們擁有人文教化的權力。教會壟斷學校教育，宗教神學是學校的主修科目，藝術也蒙著濃厚的宗教色彩。教皇還多次頒布聖諭：禁止印行未經教會審查的書籍，可疑的書籍一律焚毀。在這種情況下，新的科學成果非但難以普及，連出版都很困難。即便出版了，也將面對著一群帶著有色眼鏡的讀者。因此，科學家的著作想要出版，基本上都要跑到新教國家荷蘭。就比如，伽利略的《論兩種新科學及其數學演化》（*Discorsi E Dimostrazioni Matematiche Intorno A Due Nuove Scienze*）。這部書稿西元 1636 年就已完成，由於教會禁止出版他的任何著作，他只好托一位威尼斯友人祕密攜出國境，西元 1638 年在荷蘭萊頓出版。

教士們還擁有司法權。天主教設有宗教裁判所，用於鎮壓一切反教會的異端，以及有異端思想或同情異端的人。早

在西元 1327 年，義大利天文學家達‧斯科里（Francesco degli Stabili）就被活活燒死。他的「罪名」就是違背聖經的教義，論證地球呈球狀，在另一個半球上也有人類存在。宗教裁判所並不以心慈手軟著稱，譬如西班牙的宗教裁判所，僅西元 1483 年至 1820 年，判處的異端份子達 38 萬多人，被火刑處死的達 10 萬餘人。當時的大殖民帝國西班牙為什麼會沒有科學上的突出貢獻，想想並不奇怪。

如此環境下，科學家分工要是還能夠產生，才真會叫人大吃一驚呢。

最後，科學家分工只可能產生在英國。這樣的結論很有些「歷史選擇了英國」的意思，讓人聽了很不舒服。但是，如果讓「科學家分工」自己選擇誕生地的話，它還真的無處可去，除了英國。這樣說主要有四大理由：

理由一，牛頓生在英國，牛頓是英國人。這一點異常重要。

艾薩克‧牛頓是人類歷史上出現過的最偉大、最有影響的科學家。他在西元 1687 年 7 月 5 日發表了不朽著作《自然哲學的數學原理》。書中用數學方法闡明了宇宙中最基本的法則 —— 萬有引力定律和三大運動定律。這四條定律構成了一個統一的體系，是人類掌握的第一個完整的科學的宇宙論和科學理論體系，其影響所及，遍布經典自然科學的所有領域，被認為是「人類智慧史上最偉大的一個成就」，由此奠

定了之後三個世紀中物理界的科學觀點，並成為現代工程學的基礎。

雖然科學無國界，但是科學家有。最偉大的科學家是英國人，這一點要多重要有多重要。

理由二，英國是基督新教國家。

基督新教國家，意味著羅馬教皇的聖諭、宗教裁判所、印刷禁令、教育機構的排斥都不再起作用了。牛頓堂堂正正地出版了《自然哲學的數學原理》。要知道，這本書的推論是：在這個世界裡，上帝在完成創造萬物以後，退居幕後，不再過問世事，而人類可以憑藉其理性發掘世界的自然規律。讓全能全善的上帝，突然變成宇宙的不管部長，這比哥白尼的「日心說」要異端無數倍。幸好，英國是基督新教國家，教會勢力的疲軟，使得牛頓能夠拒絕來自羅馬鮮花廣場的邀請。

牛頓並沒有由於他的「機械宇宙觀」受到任何懲罰，正相反，他獲得崇高的世界性的聲譽。這為以後科學的安全發展鋪平了道路。我們知道，其後 300 年裡經典自然科學的所有豐碩成果，都是在「機械宇宙觀」下的探索。

理由三，英國人具有濃厚的開放意識。

當居於統治地位的傳統事物面臨稚嫩的新鮮事物挑戰時，英國人會給雙方相對公平的競爭環境。英國人的這種特質使得他們有別於在廣場上圍觀布魯諾被燒死的群眾，有別

於在法庭上見證伽利略下跪懺悔的人們。這種特質得益於英國人的多元秩序觀。多元秩序觀，讓他們不會輕易將新鮮事物劃入非法的、不合理的、不美好的範疇，也讓他們能夠從容且客觀地看待新鮮事物。這種特質就是開放意識。

牛頓發表了不朽著作後，西元 1689 年，他當選為國會中的大學代表；西元 1703 年，他擔任英國皇家學會會長；西元 1705 年他被安妮女王（Anne, Queen of Great Britain）封為貴族。這一經歷告訴我們，牛頓的宇宙觀和力學體系在兩年內就得到了學術界的認同；十五年內，其偉大價值就獲得了整個學術界的公認；十七年後，它便贏得了整個英國社會的歡呼。一本高深的科學著作，為什麼能在如此短的時間內造成如此巨大的影響呢？

1919 年，在英國天文學家愛丁頓（Sir Arthur Eddington）的鼓動下，英國派出了兩支遠征隊分赴兩地觀察日全食，經過認真的研究得出的最後結論是：星光在太陽附近的確發生了 1.7 秒的偏轉。英國皇家學會和皇家天文學會正式宣讀了觀測報告，確認廣義相對論的結論是正確的。會上，著名物理學家、皇家學會會長湯姆孫說：「這是自從牛頓時代以來所取得的關於萬有引力理論的最重大的成果」、「愛因斯坦的相對論是人類思想最偉大的成果之一。」

愛因斯坦霎時間成了新聞人物，他在 1916 年寫了一本通俗介紹相對論的書《狹義與廣義相對論淺說》，到 1922 年已

經再版了 40 次，還被譯成了十幾種文字，廣為流傳。

第一次世界大戰於 1918 年 11 月落下帷幕。在大戰中，共有近 3,000 萬人傷亡，而參戰雙方的主力正是德國和英國。大戰剛剛結束的 1919 年，英國人就派出考察隊去給一個德國人、一個剛剛投降的敵國人做觀測實驗，這種表現讓人著實有些難以理解。更加難以理解的是英國人居然宣布德國人是正確的，而且這個德國人的正確居然是建立在牛頓，這位有史以來最偉大英國人的不正確基礎上，特別是英國人居然還認為這是「人類思想最偉大的成果」，還有比這更令人感到不可思議的事嗎？

在外人眼裡，特別是在東方人眼裡，這的確有些不可理解，然而，英國人自己卻覺著很自然。不是以自我為中心去觀察和分析問題，而是嘗試多視角、全方位、不帶偏見地看待問題，這才是正宗的「盎格魯撒克遜人」。愛因斯坦的一夜成名就是拜英國人的這一「劣根性」所賜。而這種「劣根性」，就是開放意識。

理由四，英國人具有不同的分工意識。

在當時的歐洲大陸上，基督新教的興起導致了神權的退縮，財富和權力開始向世俗王權集中，「君權神授」說盛行一時。在這種情況下，大陸的社會分工形成三層結構體系：最上一層是國王和王族；中間一層是教會和封建貴族；最下一層是其他分工。這種體系下，上兩層是高貴的神聖的凌駕

於其他社會分工之上的。很自然，其他分工都是低下的第三等級，包括所有的新分工，也包括可能的科學家分工。

英國人有著與歐洲大陸不一樣的分工意識。「天賦人權」將人的生存權，自由權及財產權說成是天賦人權，是上帝授予的，而不是國王、教會或領主的賜予。就這樣，所有的分工都變成了上帝的授予。就這樣，在英國，所有的分工都成了在上帝面前平等的分工，哪個分工都無法將手伸向其他分工的錢包。英國人的這種分工意識極大地促進了新分工的產生，其中就包括科學家。

新分工的誕生，需要強而有力的領導者，科學家分工也不例外。在英國，相應領導者就是牛頓；在歐洲大陸，則是萊布尼茲。

萊布尼茲（西元 1646 至 1716 年），德國最重要的自然科學家、數學家、物理學家、歷史學家和哲學家，一位舉世罕見的科學天才，和牛頓（西元 1643 至 1727 年）同為微積分的建立人。他的研究成果還遍及力學、邏輯學、化學、地理學、解剖學、動物學、植物學、氣體學、航海學、地質學、語言學、法學、哲學、歷史、外交等 40 多個範疇。被譽為 17 世紀的亞里斯多德。

同牛頓一樣，萊布尼茲也是享譽歐洲的大科學家。西元1700 年，當時全世界的四大科學院：英國皇家學會、法國科學院、羅馬科學與數學科學院、柏林科學院都以萊布尼茲

作為核心成員。「17 世紀的亞里斯多德」這一稱譽，足以證實萊布尼茲的偉大。萊布尼茲和牛頓，在某種程度上是可以相提並論的，都足以領導科學家分工的產生。那麼，為什麼科學家分工最終會誕生在英國呢？這其中，英國和歐洲大陸在分工意識上的差異發揮怎樣的作用呢？── 牛頓和萊布尼茲，他們個人境遇上的巨大反差，也許能夠告訴我們一些什麼。

萊布尼茲大概是那個時代最非凡的知識份子。他稍微有些自我矛盾，他生前發表的大多數著作都是設計好了用來吸引王族的，這些著作都是極端保守和淺薄的，而他留下來沒有發表的著作常常更深刻、原創，而且更重要。然而，牛頓堂堂正正地出版了他的著作。

西元 1712 年左右，萊布尼茲同時被維也納、布倫茲維克、柏林、彼得堡等王室所雇用，這是很大的榮譽。但說句實話，那只不過是宮廷侍臣而已。西元 1705 年，牛頓被安妮女王封為貴族。

萊布尼茲雖然比牛頓早去世 11 年，人類歷史上第一個獲得國葬的自然科學家卻是牛頓。西元 1716 年萊布尼茲離開了人世，曾雇用過他的宮廷無人前來弔唁，也無人過問。他的祕書艾克哈特發出訃告後，只有法國科學院祕書在例會時向萊布尼茲這位外國會員致了悼詞。牛頓去世，英國以隆重的國葬儀式將他安葬。在出殯的那天，成千上萬的普通市民湧

向街頭為他送行；抬棺槨的，是兩位公爵、三位伯爵和一位大法官；在教堂合唱的哀歌中，王公貴族、政府大臣和文人學士們一起向這位科學巨人告別。

西元 1793 年，萊布尼茲去世七十七年後，漢諾威人為他建立了紀念碑。而牛頓的墓地位於威斯敏斯特教堂正面大廳的中央。威斯敏斯特大教堂，這裡一向是王公貴族的墓地，牛頓是第一個安息在此的科學家。他的墓碑上鐫刻著：讓人們歡呼這樣一位多麼偉大的人類榮耀曾經在世界上存在。

在歐陸，萊布尼茲身後比王族高貴萬倍，生前卻只能當個宮廷侍從，要百般迎合才能有所成就。而王室貴族也視他如臣僕如草芥。在英國，牛頓去世了。在葬禮上，王公貴族們爭搶為他抬棺的榮譽。在威斯敏特大教堂，王公貴族的墓地環繞拱衛著牛頓，而不是相反。這種反差正預示了科學家分工將誕生在何處。

就人類文明史而言，牛頓之後，英國產生了新分工：科學家，產生了新價值觀：機械宇宙觀，於是，人們直奔工業革命。而在歐洲大陸，人們不得不開始啟蒙運動，不得不進行大革命，他們意識到了正確的自由觀和秩序觀的重要性，他們在補課 —— 緊箍咒的課。

終於到了揭開謎底的時候了。再重複一下我們的問題：中國宋元明清歷代，作為人口、經濟、技術等各方面全球數一數二的大國，千年來都未曾領導世界。這究竟是為什麼？

我們知道，一個文明，如果自身既不能生產新分工，也不能生產新思想，那麼，它肯定不能領導世界。更進一步，如果與文明甲相比，文明乙很難生產新分工、也很難生產新思想，那麼，在文明甲和文明乙並存的情況下，領導世界的文明肯定是文明甲，而不會是文明乙。

事實上，中國儒家文明，也就是宋元明清歷代，與西方文明相比，很難生產新分工和新思想。因為，在宋代儒學的人文教化下形成的七大緊箍咒，使得中國人的某些群體意識，諸如探索、創造、變革、開放、分工、懷疑等等，均弱於西方人。這就是傳統中國未能領導世界的根本原因！

▌ 走出象牙塔

文明，就像是一座象牙塔。

象牙塔，美麗而尊貴，充滿了文明的氣息和藝術的魅力。生活在象牙塔之外的人們，很少人能否認象牙塔的藝術價值和魅力，然而，生活在象牙塔之中的人們，又該如何看待自己和象牙塔呢？

英國近代學者柯林武德（Robin George Collingwood）說，象牙塔看似高雅精緻，卻是一種自我囚禁。「生活在他們自己設計的世界裡，不僅與普通人的正常世界相隔絕，甚至與其他藝術家也不相來往。」、「藝術在這些象牙塔中凋

萎了。」他指出，囚禁在象牙塔里的文藝精英除了自己之外別無可談，談完了自己就互為觀眾。他認為，全部無聊、麻煩、傷害，就產生於這種小空間裡的「互為觀眾」。柯林武德批評的對象是藝術和藝術精英，而且，他的批評是有理有據的。

一個璀璨的文明，不就是一座象牙塔嗎？生活在其中的人們，不正是過著一種自我囚禁的生活嗎？那麼，文明自身會不會由於人們的「互為觀眾」而凋萎呢？

柯林武德得出一個驚人的論斷：「真正的文化人、藝術家要做的事，正是文化藝術界竭力要反對的事。這個事，就是出走。」象牙塔里「互為觀眾」的囚禁者們只要看到有人離開象牙塔，就會暫時地一致對外，對付出走者。但柯林武德認為，正因為這樣方才證明，除了出走別無選擇。

那麼，對於一個文明的囚禁者們而言，什麼是出走？誰又是出走者呢？

懷疑、探索、創造、變革、開放、分工，這些群體意識，就是對文明的出走。懷疑者、探索者、創造者、變革者、開放者、領導者，這些人類群體，就是文明的出走者。當一隻猿人開始直立行走時，他必然會招致其他猿人的一致對外，會被眾口唾棄，亂石所向，甚至死於當場。然而，正因為這樣方才證明，除了出走別無選擇。

出走，是居住在象牙塔中的人們的唯一選擇。 —— 只有走出自我囚禁，人們才可能認識自己。

也許人們會懷疑：「離開象牙塔？難道我們要拋棄自己的文明嗎？」不是的。象牙塔的囚禁是出走的理由，但是，象牙塔也是文明進步的起點。象牙塔看似在我們的身外，實際是在我們的心中。走出象牙塔，就意味著心中得到一座更尊貴更美麗的象牙塔，身外得到一個更文明更幸福的世界。

—— 只有走出自我囚禁，文明才可能永不凋萎。

附錄一
聖人是怎樣煉成的

孔子（西元前 551 年－西元前 479 年），名丘，字仲尼，漢族，魯國人，祖籍宋。中國春秋末期的思想家和教育家，儒家的創始人。孔子集華夏上古文化之大成，在世時已被譽為「天縱之聖」、「天之木鐸」，是當時社會上最博學者之一，並且被後世統治者尊為孔聖人、至聖、至聖先師、萬世師表。孔子和儒家思想對中國和朝鮮半島、日本、越南等地區有深遠的影響，這些地區又被稱為儒家文化圈。

鑑於孔子的巨大影響和建樹，後世中國人常以為孔子是中華文明的天生聖人。然而，事實遠非如此。成聖的道路是艱辛的，孔子足足走了千餘年，才成為每個中國人心目中的聖人。

▌春秋戰國

春秋戰國時代，出現了「諸子爭鳴」的學術繁榮局面，其中以儒、道、墨、名、法五個學派最為著名。作為儒家的代表人物，孔子名望是有的。

孔子門人及其後學者均推崇孔子。門人中以子貢為代表，他對孔子讚美備至，奉如天人，把孔子比擬為高天、日月、木鐸，凡人是永遠不可企及的，認為孔子是天生的聖人。亞聖孟子認為孔子所行的「聖人之道」是遍及自然界和社會的至高準則。

但是，這時的儒家，作為諸子百家之一，其影響力還相當有限。一方面，儒家並未能得到統治者的青睞和重視，不然孔子也不會周遊列國了。另一方面，普通百姓也不認可。隱者如接輿的嘲笑，平民如鄭人的調侃，農民如荷蓧丈人的譏斥，無不證明孔子雖號有三千門徒，在民間卻並不能討得人們歡喜。廟堂既不得其用，江湖也不得其容。這絕不是聖人應有的模樣。

事實上，當時民間普遍認同，孔子是一位博學有德的大學者。

秦

秦始皇焚書坑儒，儒家受到一定打擊。但秦朝博士中還有許多儒生，傳播儒學。秦尚法術，儒學並未居於統治地位。在秦帝國眼中，孔子只是一個在野學術流派的精神領袖。

漢

秦滅六國，對六國貴族階層的打擊是致命的，而楚漢相爭，貴族派項羽的失敗，市井小民劉邦的勝利，令舊貴族階層遭到了毀滅性的打擊。漢的建立，宣告商周貴族文化的斷絕，代表士大夫文化的儒家迎來了大好機遇。

　　漢武帝「罷黜百家，獨尊儒術」。儒家成為漢代的官方意識形態，儒家國家化由此開端。

　　「獨尊儒術」中的儒術，實際上是董仲舒以儒家經典之一的《春秋・公羊傳》為依據，將周代以來的宗教天道觀和陰陽、五行學說結合起來，吸收法家、道家、陰陽家思想，建立的一個新的思想體系，與孔子的思想大體上不是一個東西。

　　漢武帝時設立五經博士。五經博士中的「五經」，是指儒家的《周易》、《尚書》、《詩經》、《禮記》、《春秋》。「五經」之中，僅有《禮記》、《春秋》兩經與孔子有關。《禮記》中有部分記載孔子言行，《春秋》據說是孔子修訂版。

　　這一時期，孔子是聖人，但是，聖人並不止孔子一個，還有他經常夢到的那位周公。在漢代，周公稱先聖，孔子稱先師，周公地位高於孔子。周公之外，還有更久遠更高貴的堯舜。王莽篡漢時，當時他的儒家支持者就拿他與堯舜相提並論，而不是孔子。比如著名儒者揚雄就頌揚王莽是堪比堯舜的偉大人物，周公之後當之無愧的聖人。

　　由此可見，漢代的「獨尊儒術」下，孔子固然獲得了聖人之名，甚至被神化。但是，真正獨尊的是儒術，既不是孔子，也不是孔子的學術。

魏晉南北朝

來自印度的佛教大興，本土的道家也改頭換面，以「魏晉玄學」的面目復興。佛道二家的風行，使得儒學失去了獨尊地位。

雪上加霜的是，魏晉時期士族門閥崛起了，同時北方胡人的軍事貴族也具有左右政權的實力，貴族重新出現在中華大地上。無疑，讓能與皇權分庭抗禮的貴族認真對待儒家的士大夫文化是困難的，儒學開始衰落。

隋唐

佛道儒三家鼎立局面形成。儒學衰落。

這個時候，儒家的同盟軍出現了。出身北周軍事貴族的唐代統治者開始採取各種措施壓制士族門閥，扶持寒門儒士。比如，貞觀六年唐太宗修訂《氏族志》，以李唐皇族為首，外戚次之，山東士族被降為第三等。又比如，武則天為了篡唐，大力清洗皇族、外戚及舊士族，同時扶植寒門儒士作自己的後盾。緊接著，安史之亂的爆發，沉重地打擊了傳統軍事貴族的力量，也降低了他們的聲譽。等到朱溫篡唐，斬盡傳統軍事貴族一脈，貴族階層就從中國的歷史舞臺上徹底消失了。

同時，儒家自己也開始發力。唐中後期，以韓愈著名的「道統論」為轉機，漸漸啟發了宋以後的「成聖」理論。韓愈最突出的主張是重新建立儒家的道統，越過漢代經學而復歸孔孟。在他看來，儒道前後相繼，代代相傳，形成一個脈絡清晰、接續不斷的傳統。韓愈以儒學為正統，獨尊孔子之道，並把自己與道統連繫在一起，以捍衛儒道自任。

隋唐時期，佛道盛熾，儒學搖搖欲墜。

宋

儒家復興。

宋太祖說：「設科取士，本欲得賢以共治天下。」宋太宗對宰相李昉等說：「天下廣大，卿等與朕共理，當各竭公忠，以副任用。」宋代開國帝王，深刻反思歷史的經驗教訓，做出「與士大夫共治天下」的選擇，將士大夫群體作為唯一可信賴依託的對象，同時，也將貴族外戚、世族門閥、軍事貴族等從政權核心中徹底摒除。與漢代相比，這一回不再是儒家在眾家之上，而是儒家的江山一統。自宋代起，儒家成就了真正的獨尊地位。

北宋儒家地位的大幅提升，極大地推動了儒家理論的發展。在儒學框架內，名家輩出，流派眾多，異彩紛呈。其中張載「關學」與二程（北宋程顥、程頤）「洛學」、王安石

「新學」漸成形成鼎立之勢。

到了南宋，作為集大成者，朱熹直承二程，旁攝張載等人學術，建立起一套客觀唯心主義思想 —— 理學。他全面系統整理宋代理學，同時將《大學》、《中庸》與《論語》、《孟子》並稱「四書」，列為儒學必修。

宋理宗即位後，大力推崇理學。宋理宗嘉熙年間，朱熹的《四書集注》被指定為科舉考試教材，理學正式成為官方學術。自此，理學完全占領了科舉這個事關人才選拔和主流思想學術的陣地，成為官方的主要意識形態。對於孔子或是中國人而言，這是一個具有劃時代重要意義的歷史大事件，其作用和影響還在漢武帝「罷黜百家，獨尊儒術」之上。自此，孔子從儒家聖人開始走向中國聖人，中國人從儒學生徒開始走向孔教信徒。

▍元

元朝仁宗延祐二年 （西元 1315 年）恢復科舉，將朱熹之學「定為國是」，設科取士，非朱子之說不用。宋理宗死後十餘年，南宋即宣告滅亡，這對理學構成了沉重打擊。然而元人的這番措施，重新托起了理學的事業，孔子信仰依然不墜。此後，理學的聲勢比南宋更盛。

明

　　明代朱元璋、朱棣父子都推崇程朱理學，理學獲得了獨尊的地位，視其他學說為異端。至此儒家信仰化圓滿完成。經過宋元明三朝統治者的大力弘揚，孔子終於成為光耀萬世的聖人。

清

　　清朝入關之後，儒學依然昌盛。雖然清朝貴族並不像宋明那樣「與士大夫共治天下」，但是，有兩樣未曾改變：科舉考試的教材沒變；孔子的聖人地位沒變。

　　儒家的發展史似乎可以這樣來描述 —— 春秋戰國：「一家之言」；秦代：「在野學術」；漢代：「百家之上」；魏晉南北朝：「屈居人下」；隋唐：「三家之一」；北宋：「儒家一統、內部競爭」；南宋：「理學獨步，孔學大興」；元明清：「孔學唯我獨尊」。

　　由上述歷史脈絡來看，孔子成為中國聖人，還是在南宋理學大興之後。在北宋之前，孔子還只是「儒家聖人」之一，遠未達到「中國聖人」的地步。到得南宋，理學獨步宇內後情形才為之一變。標誌是朱熹的《四書集注》成為科舉考試的指定教材。《四書集注》中的「四書」，指的是記載

孔子及其弟子言行的《論語》，孔子弟子曾參的《大學》，孔子的孫子子思的《中庸》，孔子之孫子思的再傳弟子孟軻的《孟子》。因此，與其說「四書」是儒學，不如說它是孔門儒學。

由於孔子學說是理學的基礎，理學大興之後，孔子本人的形象作為至聖先師被塑造得更加完美與高大，無論是皇家朝廷，還是學林名流，對孔子都極力頌揚，對孔子的學說也極力闡發光大。

朱熹著《四書章句集注》，具有劃時代意義。從歷史大角度來看，科舉考試在《四書集注》的範圍內出題，實際上就是孔門四書取代了儒學五經的地位，也就意味著孔子思想凌駕於儒家思想。如果說漢唐是「儒家五經」時代，那麼《四書集注》的出現，使得宋後成為「孔門四書」時代。從此，孔子思想成為中國社會的主流意識，孔子的中國聖人地位自此名符其實、堅不可摧。

附錄二　理想國

　　我來到西敏寺，拜謁牛頓的陵墓。

　　牛頓的墓地位於威斯敏斯特教堂正面大廳的中央。墓地上方聳立著一尊牛頓的雕像。他倚坐在一堆書籍上，身邊有兩位天使，還有一個巨大的地球造型以紀念他在科學上的功績。

　　站在墓前，滿懷敬仰，我一遍又一遍地朗誦詩人波普為牛頓寫下的墓誌銘：「Nature and Nature' law lay hid in night ; God said, "Let Newton be" and all was light.」大意是：自然與自然的定律，都隱藏在黑暗之中。上帝說：讓牛頓來吧！於是，一切變為光明。

　　正朗誦間，忽然，眼前浮現出一座荒墳，墓誌銘寫道：「牛頓，牛家村妖民。他說：『在黑暗中，隱藏著自然與自然的定律。』上曰：『詭立邪說，煽惑愚民，誅其身而沒其家，不為之過。』於是，一切歸於黑暗。」又見烏雲密布，狂風驟起，一陣愁雲慘霧，無數鬼魂隱現，伴隨陣陣鬼哭神嚎。恐懼中，我一時驚厥。

　　此後數日，夜夜鬼哭，令我無法入眠。遂賦詩一首祭奠諸鬼，名曰〈理想國〉，夜半焚之於十字路口。錄得全詩如下：

〈理想國〉—— 祭出走者文

維：

後世子孫，孫某，謹陳祭儀，享於諸世英魂：

懷疑的人有福了，因為他們的愛慕必得飽足。

探索的人有福了，因為他們必得安慰；

創造的人有福了，因為他們必承受榮耀；

變革的人有福了，因為他們必看見天國；

開放的人有福了，因為他們必成為天國的子民；

領導的人有福了，因為天國是他們的；

由於天國的緣故飽受欺辱、迫害、肆意毀謗的人們啊，你們有福了。你們要歡喜快樂，因為你們在天國將獲巨大獎賞。

你們是世上的光，如同建在山上的城一樣無法隱藏。人點亮了燈，只會把它放在燈檯上，好照亮全家。同樣，你們的光也應該照在世人面前，好讓他們看見你們的行為，便讚美你們的理想，稱頌你們的天國。

魂兮，歸來！嗚呼，哀哉！伏惟尚饗！

從此，怨鬼再也不曾入夢，夜夜得以安眠。然而，在清醒時，眼前常常泛起十字街頭那騰騰烈焰。

電子書購買

國家圖書館出版品預行編目資料

中國人的緊箍咒：排外主義高漲、群體凌駕於個體……堅決捍衛表面的一點尊嚴，卻忽略內部早已傷痕累累 / 孫繼濱 著 . — 第一版 . — 臺北市：崧燁文化事業有限公司 , 2023.06
面； 公分
POD 版
ISBN 978-626-357-353-6(平裝)
1.CST: 民族意識 2.CST: 中國
535.72   112006468

中國人的緊箍咒：排外主義高漲、群體凌駕於個體……堅決捍衛表面的一點尊嚴，卻忽略內部早已傷痕累累

臉書

作　　　者：孫繼濱
發 行 人：黃振庭
出 版 者：崧燁文化事業有限公司
發 行 者：崧燁文化事業有限公司
E - m a i l：sonbookservice@gmail.com
粉 絲 頁：https://www.facebook.com/sonbookss/
網　　　址：https://sonbook.net/
地　　　址：台北市中正區重慶南路一段六十一號八樓 815 室
Rm. 815, 8F., No.61, Sec. 1, Chongqing S. Rd., Zhongzheng Dist., Taipei City 100, Taiwan
電　　　話：(02) 2370-3310　　　傳　　　真：(02) 2388-1990
印　　　刷：京峯彩色印刷有限公司（京峰數位）
律師顧問：廣華律師事務所 張珮琦律師

定　　　價：375 元
發行日期：2023 年 06 月第一版
◎本書以 POD 印製